なぜ、倒産寸前の水道屋が
タピオカブームを仕掛け、
アパレルでも売れたのか？

オアシスライフスタイルグループ
代表取締役CEO
関谷有三

フォレスト出版

はじめに

飲食業界における一大ブームとなった「タピオカミルクティー」。アパレル業界における異例の大ヒットとなった「スーツに見える作業着」。まったく異なる分野での事業をゼロから手掛けてきた。そんな僕の社会人としてのスタートは、今にも潰れそうな街の水道屋だった。それは、栃木県の田舎《いなか》にある社員5名の実家の水道屋だ。

僕は実家で働いた以外に就職したことがない。おそらくは、人生において履歴書を書いた記憶がない。大学時代に少しだけカフェバーでバイトしていたことがあって、その面接の時に書いたか書かなかったのか、という程度だ。もともとその店の店長は顔馴染《なじ》みだったので、多分必要なかったはずだ。

ＩＴベンチャーや外資系コンサル、大手総合商社、人材会社、体育会系営業会社――起業家として活躍している人はそのようなキャリアを持つ人が多いが、僕はそのどれとも無縁だ。反対に、中卒叩き上げといった反骨精神バリバリともちょっと違う。

社会人として、また、経営者として、ちゃんとした教育を受けて学んだことがない。仕事を教えてくれる上司や先輩がいたこともない。それどころか、高校に入学してから大学を卒業するまで、まともに机で勉強した記憶もない。

余談になるが、２０１９年の暮れに、活躍する卒業生ということで、母校の中学での創立記念日の基調講演を依頼された。卒業生としてはなかなか名誉なことだ。結局コロナの影響で、その講演は中止になってしまったのだけど、講演では「学校の勉強で役に立ったことはひとつもない」という内容を話す予定だった。

講演の最後は、タイトルとは逆説的に、明日から「勉強ちょっと頑張ってみようかな」って思える締めくくりになるのだけど、途中までの話は先生方が悲鳴をあげて青ざめるようなストーリー。「誰だ！　あんな奴に依頼したのは‼」。そんなシーンを楽しみにしていたのにな。ちょっと残念。

なぜ、「勉強は役に立たない」というはじまりから、「勉強を頑張ってみよう」に繋がるのか、簡単に紐解いてみる。本当に僕は学校の勉強で経営の役に立っていることはひとつもない。これは真実だ。今やグーグルがなんでも教えてくれるし、必要な専門知識は5冊ぐらい関連本を斜め読みすれば十分だ。学校で勉強を全然しなくても社会で成功はできる。

「成功と勉強の関係」は「幸せとお金の関係」に似ている。お金がなくても幸せにはなれる人はたくさんいる。一方でどんなに唸《うな》るほどお金があっても、幸せになれない人もいる。ただ、選択肢という視点では、お金があったほうが様々な選択肢を持つことができる。ないよりはそりゃあったほうがいい。

勉強もそうだ。いくら勉強ができても、成功できるかはわからない。けれど豊富な知識や学ぶ姿勢は、将来、様々な選択肢を持つことに繋がる。学歴もないよりはあったほうがましだ。選択肢をあえて、若い今から狭《せば》めてしまうのはもったいないという顛末だ。でも実際しなくても、なんとかはなるけど。

問題の本質は、勉強をしないとダメだと頭ごなしに押し付けること。子どもたちは皆わかっている。勉強しなくたって、ググればいいじゃんって。ユーチューバーみたく成功してる人もたくさんいるって。勉強や学校の役割って、極論を言えばやりたいことが見つかるまでの健全な暇潰し。楽しいと思える前に押し付けられると、反発したくなるもの。

さて、僕の話に戻る。最近、取材などでは恥ずかしくも「令和のヒットメーカー」との肩書を拝命している。門外不出のブランドといわれていた春水堂《チュンスイタン》を8年前に日本に誘致し、空前のタピオカミルクティーブームを仕掛け、新たな飲食のジャンルを創造した。アジアンカフェは絶対に日本では流行《はや》らないといわれていた業界の常識を打破した。

その後、ヒットメーカーとしての真骨頂となったのは、服の売れない時代に仕掛けた〝スーツに見える作業着〟のブレイクだ。まったくもって服なんてつくったことのない会社が、アパレル業界の様々な常識や垣根をぶっ壊した。働き方改革、そして、コロナによる消費の変化に先駆けて潜在ニーズを掘り起こした。〝作業着スーツ〟という枠を超えて「ボーダレスウェア」という新たな服のジャンルを創造した。

しかし、どちらもまだ、飲食業界やアパレル業界における巨大なマーケットでのメジャーかといわれれば、程遠い。道はまだ半ばというか、ようやくスタートラインに立った程度だ。偉そうに成功メソッドなんて本を出版する立場かと言われれば、自分でも疑問だったりする。

でも、コロナ以降の今のどんよりして行き詰まった時代で、倒産寸前の水道屋がどのようにして、様々な異なる業界でヒット事業を生み出すことができたのか。そんなちょっと珍しい僕の歩んできた道のりや手法が、誰かの事業の立ち上げの悩みや、たくましく生き抜くためのヒントにしてもらえたらと思って、この本を書くことを決めた。

僕自身も、本書を通じて今までの人生や会社経営の振り返りに凄く役に立った。我ながらおもしれぇ波乱万丈な道のりだったなと。この先も、もっともっと険しく激しいドラマが待っているんだろう。心底ワクワクもするし、少しびびっていたりもする。ジェットコースターに乗る直前の心境に似ている。

第1章は、僕の幼少期から水道屋として全国展開するまでの半生を振り返った。様々な挑戦と挫折の繰り返しが、今の経営スタイルの原点となり、発想力と行動力の源泉となっている。

第2章は、水道屋がなぜ飲食やアパレル業界といったまったく異なる分野に無謀な挑戦をすることになったのか。そして、どのようにして困難を乗り越えて、ブームを起こすことができたかを綴った。

第3章以降は、様々な業界での事業立ち上げを行ってきたなかで、たくさんの失敗や経験から学び、体得してきた僕なりの哲学やノウハウをマインド、スキル、リーダーシップ、逆境を乗り越える力と4つのカテゴリーに分けてコラム形式でまとめた。

倒産寸前の水道屋にできたのなら、俺たちもやってみようぜ。そんな一歩に繋がってくれたら何よりだ。

なぜ、倒産寸前の水道屋がタピオカブームを仕掛け、アパレルでも売れたのか？　目次

はじめに　1

第1章　はじまりは倒産寸前の水道屋

優等生からの転落　16
関谷、死んだらしいぞ　24
黄金コンビの誕生　31
二階堂小百合って誰だ　37
3・11から学んだこと　43

第2章　飲食・アパレル業界での無謀な挑戦

台湾での運命の出会い……48
ど素人には任せられない……54
突然のSNSからの連絡……60
あのひと言からはじまった……67
コロナでまさかの結果に……73

第3章
やりたいことは全部やれ ―― マインド編

考えると悩むは、天と地ほど違う……85
野球選手は野球を飽きないのか？……87
結果とプロセスはどっちが大切か？……90
「素直な人」って結局どんな人？……93
何もかも手にしたら、何がほしい？……96
未来の8割が決まる大事なルール……100

経営者が口を揃えるほしい人材とは？ …… 102
継続できれば理由はなんだっていい …… 106
理想の人に追いつき、追い越す方法 …… 109
自分の代わりなんていくらでもいる …… 112
結局メリットのあることしか続かない …… 114
若い頃の動機は崇高じゃなくていい …… 117
毎年入社式で話す若者への説教臭い話 …… 119
「努力は夢中に勝てない」は本当か？ …… 121
人生をもっと自由に楽しく生きたい …… 124
ORじゃなくてANDでいいじゃん …… 126

第4章 今の時代に求められる人材 ——スキル編

ホウレンソウは自分のためになる …… 132

量が足りてないのか、質が悪いのか？……135
人の頭を上手く活用してしまえ……138
ボーリングのセンターピンを狙え……141
連絡や返信は早ければ早いほうがいい……144
「崩し」は基本がしっかりできてから……147
ともかく自分をたくさん知ってもらえ……149
明日にでもすぐ上司を食事に誘え……151
無意識でやれるまで、意識してやる……154
一日中スマホをいじっているのは悪か？……157
部活の朝練ってはたして義務なのか？……160
成果を出せる人と出せない人の違い……163
サービスにおける一番大切な要素……166
エンジョイとシンドイのバランス……169
我慢やストレスの逆説的な乗り越え方……171
ジャングルジム型スキルを身につけろ……174

第5章 巻き込み、惹きつけろ――リーダーシップ編

オリンピックを目指す新人の行く末 …… 180
個性と多様性を機能させる手順 …… 183
俺に直接なんでも相談してこい …… 185
社長とそれ以外の人の決定的な違い …… 188
ギャンブルか、チャレンジなのか? …… 190
究極のモチベーションって何か? …… 194
無理やり帰らせても問題は解決しない …… 197
最高かつ最強のチームのつくり方 …… 199
部下や後輩を指導する基本姿勢 …… 202
すべての人に当てはまる仕事の目的 …… 205
リーダーに絶対的に必要な3か条 …… 207

人の育て方のベストなマネジメント……210
社長室がなく、秘書がいないわけ……213
年代ごとの理想のワーキングスタイル……215
これから先10年間の過ごし方……218

第6章

逆境を乗り越えろ
――コロナすらチャンスに変える

変化を起こし、楽しむ文化をつくれ……224
飯の準備をちゃんとしているか？……227
できるもできないも、どちらも正解……229
ハッピーな結末なら逆境を楽しめる……232
ゼロからイチをつくる熱量と疲労……234
人生がよくもなり、大変にもなった言葉……237
ストックデールの逆説と２本の川の話……239

挑戦から得られるものと失うもの …… 242
マーケットインとプロダクトアウト …… 244
人材を育てるには、丸投げが一番 …… 247
強くて面白い組織をつくる採用とは？ …… 250
女性が活躍しやすい職場について …… 253
世界一を目指す難しさと楽しさ …… 256
無限の大きな大きな未来の広げ方 …… 259

おわりに …… 264

第1章

はじまりは倒産寸前の水道屋

優等生からの転落

僕は1977年、昭和52年に生まれた。何があった年なんだろう、少し気になって調べてみた。

テレビ放送の完全カラー化。王貞治さんが756号ホームランを放ち、世界記録樹立。キャンディーズの解散宣言。喜劇王チャップリンの死去。

そんなに昔だったんだ、僕の生まれた年は。ちょっと愕然《がくぜん》とした。そりゃもうそんなに若くはないわけだ。現在の年齢は43歳。少し長生きする予定だから、人生の折り返し地点くらい。まあ若くもないが、悲観するほどまだ年寄りでもない。

生まれは栃木県の県庁所在地である宇都宮市。ご存じ、ギョーザで有名なところ。お世辞抜きに本当に美味《うま》い。いくらでも食べられる魅惑のソウルフード。焼き立てが最高だ。今でも定期的にお取り寄せは欠かせない。

実家は水道屋。市の中心地からは程遠い田舎にあった。祖父がはじめた家業で、父は2代目。新築住宅の下請けとして水道工事をしたり、水回りの修理をしたり。ありふれた街の小さな水道屋。蛇口と作業着は身近な存在だった。

僕は、負けず嫌いな子どもだった。

通っていた幼稚園では、毎年冬に園の最大のイベントである縄跳び大会が開かれていた。全員でいっせいに縄跳びをはじめ、ひとり、またひとりと脱落していく。そして、最後まで跳んでいた子が優勝。まさにサバイバルレース。優勝の毎年の相場は2000回。幼稚園児にしてはかなりのものだ。でも、その大会で勝てば一躍ヒーローになれる。年長の時の大会だった。幼稚園最後の大会だ。僕は自分に誓った。絶対勝ってみせる。

いーち、にー、さーん。しー……。

いつも通りにはじまった。ひとり、またひとりと脱落していく。1000を超える頃には10人ぐらいになった。2000を超える頃には3人に。そして、僕は最後のひとりになった。優勝だ。そしてここから僕のひとり旅がはじまる。

優勝者が失敗するまで跳び続ける。それが大会の決まりだった。全園児がそれを最後まで見守る。最高の盛り上がりのなか、3000を数えたところで、日が暮れてしまった。そして園長先生から「もう、おしまい」と言われ、タイムリミット。幼稚園中、割れんばかりの拍手喝采だ。その快挙は園はじまって以来のことだった。今でもあの日のことは鮮明に覚えている。僕は翌日からヒーローになった。

小学校時代。自分で言うのはいやらしいが、すこぶる勉強ができた。テストはほとんど100点。95点など取ろうものなら、悔しくてテストを破り捨てた。

通知表は卒業するまでもちろんオール5だ。

子どもの頃、ずっと政治家になろうと思っていた。当時の政治家は力があってなんだかカッコよく見えた。水道屋に生まれた僕が、どうやったら政治家になれるのか色々調べてみた。東大に入り、外務省に入って、外交官として活躍すれば道が開けるかもしれないと知った。小学3年の時の文集に、こう書いた。

「外交官になって代議士になる」

そんなことを語る小学3年生に若い先生が驚いた。

「外交官って……」

「えっ、先生知らないの？　外務省のエリート官僚だよ。それが国会議員になる近道なんだよ」

そんな生意気な小学生だった。

地元の中学に入るのが嫌だった。田舎のダサいヤンキーがたくさんいるようなところには絶対に行きたくなかった。中学受験をして、倍率10倍を超える国立大学の附属中学に合格した。近所では騒ぎになるような快挙だった。

中学時代、片道1時間自転車で通った。ひとりの才女にはかなわなかったが、定位置は学年2位。特にガリ勉キャラというわけでもなく、笑いもとれて、おしゃれにも敏感。彼女もできて、充実した優等生ライフだった。両親にとっても自慢の息子だった。

そして、当然のように東大を目指して県下一の進学高校に入るのだが、ここから、漫画のようにドロップアウトをしていく。原因はその高校が男子校だったから。勉強ができたところで女子がいなけりゃ張り合いがない。思春期の男心は実に単純だ。

かわいい他校の女子と付き合う方法を考えた。時は空前のコギャルブーム全盛。狙いはギャルが集まる商業高校だ。僕の通う高校はガリ勉のイメージで、親世代には好感度がすこぶるよいのだが、ギャルにはとにかくウケが悪い。ギャルにモテるのはイケてる不良だ。まずはイメチェンが必要だ。

左耳に穴をあけてピアスをした。そして、ロン毛にする。まだ生え揃わないけど、髭も伸ばしはじめた。日焼けサロンにも通った。

（見た目はまずまずかな。次は、不良のチームに入るぞ）

学校の近くの図書館の横に大きな公園があった。街の不良たちはそこにたまって、うだうだするのを日課にしていた。ある日、図書館から公園の様子を眺めていたら、顔馴染みの同級生が不良たちにからまれていた。

チャンス、到来だ。

公園に駆け付け、同級生に声をかけた。

「どうしたんだ？」

不良たちが、僕を睨《にら》みつける。

「お前はどこの学校だよ？」

高校名を告げる。県下一の超進学校の名だ。

「ガリ勉のくそだせぇ学校の奴かよ」
「仲間に入れてほしいんだ」
「はっ、ふざけてんじゃねえぞ」
「僕は不良になりたいんだ」
「お前、頭のおかしい奴だなぁ」

そうこうして、僕は晴れて不良グループの一員となる。そのグループは、単なる不良というだけでなく、おしゃれでカッコいい。雑誌なんかにも度々登場していた。ギャルたちにも当然モテる。そのなかで、僕はメキメキと頭角を現しはじめる。武闘派だったわけではなく、頭脳派のポジションで活躍した。
他のグループとの対決における作戦。女性のナンパの仕方。知恵を使っての駆け引きの方法を、メンバーたちに伝授していく。いつしかグループの主要な幹部としてのし上がり、僕の名前も次第に広まっていく。

不良だった頃（前列中央）

一方で親は泣いていた。

でも、当時まだ幼かった僕は、優等生よりも不良で名が売れたほうが何百倍も誇らしかった。勉強はもちろんしない。不良的には、むしろしないことがカッコいいのだ。

東大を目指すことを美徳とする高校で、僕はもちろん超問題児となる。学校の教師たちからは、口を揃えてこう言われた。

「学校に来なくていいから、皆の邪魔だけはしないでくれ」

東大から外交官、そして政治家へ。そんな野望は、とっくの昔に忘れていた。不良仲間たちと、こんなことを話して盛り上がっていた。

「将来は海辺でレゲエバーをやろうぜ。昼はサーフィンしてさ」

栃木県に海はない。海は僕らの憧れだった。

関谷、死んだらしいぞ

卒業後は家を出て、とにかく東京に行きたかった。それには大学に行くのが手っ取り早い。現役受験は当然のように全滅。浪人して響きがおしゃれな大学に、なんとかギリギリ補欠合格ですべり込んだ。そして、僕は晴れて東京の大学生となった。

大学生になったらイベントサークルに入りたいと決めていた。浪人時代、色々な雑誌でバッチリと予習は済んでいた。東京のイケてるおしゃれな大学生が集まるところ、それがイベントサークルだった。

しかし入学した大学には、まだイベントサークルがなかった。テニスサークルに用はない。泣けるほどがっかりした。僕以外にもがっかりしている奴は、きっとたくさんいるはずだ。仕方がないので、自分でつくることにした。

入学して3日目、早速行動を開始する。

まず、大学のキャンパスを回り、悪そうな奴を探す。地元でブイブイ言わせていたような奴がいい。「一緒にイベントサークルつくろうぜ」と声をかけて10人ほど仲間を集めて幹部になってもらった。

次に、「新入生のサークル意識調査」というアンケートをつくり、何枚もコピーする。そして、幹部メンバーたちと一緒にキャンパスにいる女の子に次々と声をかける。


「君、新入生だよね。今、アンケートをしてるんだけど協力してくれないかな」

「どんなサークルに入りたい？　興味があるイベントは花見？　スノボ？　バーベキュー？　クラブ？」


どんな回答をしたところで、君が入るべきは僕たちのイベントサークルだよ、という結論に行きつく仕組みだ。

こうして、かわいい新入生の女の子を30人ぐらい集めた。でも、僕たちにコンパを開く資金はまだない。さあ、どうしよう。そこで、作戦を立てる。活躍してもらったのは女性陣たち。

色々なサークルが新歓コンパを開いている。目当てはかわいい女の子。そこに、特にルックスがいい女性メンバー5人ほどを送り込む。そして、そのサークルの代表に切り出す。

「あのー、わたしたちの参加費は……」
「もちろん新入生は特別にタダだよ」
「じゃあ、友達呼んでもいいですか」
「かわいい君たちの友達なら大歓迎さ」

僕たちは、コンパ会場の近くに待機している。「来ていいって」という連絡を受けて、皆でゾロゾロと押しかける。困惑する上級生のサークル幹部たちを無視して、場の中央で僕が立ち上がり大声で、

「かんぱーい」

皆も、それにつられて「かんぱーい」。

立ち上げたイベントサークルの幹部たちと（前列右から２人目）

こうして数々の新歓コンパ荒らしをしていった。その度に新たなメンバーを獲得していった。どんどんサークルは拡大していく。

僕たちのサークルは、あっという間に大学でもっとも有名な存在となる。その後は、大学生活を目一杯楽しんだ。人より少し長く在学したのはご愛嬌。今でもその当時の幹部連中とは親友だ。そうして、就活の時期を迎えた。僕は就職をせず、そのままイベント屋にでもなろうかなとぼんやり考えていた。

ところが、僕は、一番進みたくない

道を進むこととなる。それは、栃木に帰って家業の水道屋を継ぐこと。

大学生活も残すところあと数か月、卒業がギリギリ決まりほっとひと安心していた頃、久しぶりに父から連絡があった。

「体調が悪いんだ。栃木に帰ってこい。仕事を手伝ってほしい」

水道屋だけはどうしても継ぎたくはなかった。田舎の小さな、そして地味な会社。東京で派手な日々を過ごしてきた身としては、絶対避けたい進路だった。けれど、僕は思い返してみた。両親の自慢だった優等生から不良になり、親をさんざん泣かせてきた。浪人して学費の高い私立大学に行かせてもらい、またもやろくに勉強もせず、それどころか遊び過ぎて留年もした。ずっと親のスネをかじりまくって迷惑をかけ倒してきた。

散々悩んだが、少しでも罪滅ぼしをしようと栃木に戻ることにした。

大学の仲間たちは皆驚いた。いや、一番驚いたのは僕だった。なぜって、入社後にわかったのだが、実家の水道屋は倒産寸前だった。社員は5人ほど。皆親子以上に歳《とし》の離れた職人で、唯一の営業担当は、父だった。体調を崩した父の代わりに、僕が営業をすることになった。

東京でブイブイ言わせていた俺だ、なんとでもなるだろ。

甘かった。まったく仕事がとれない。今考えるとそりゃそうだ。水道の知識はまったくないし、技術もない。営業も自己流ででたらめ。そんな奴が、勢いだけで仕事くれって言ったって、無理に決まっている。でも、それを注意したり、アドバイスしてくれる人もいなかった。

自分なりには頑張るのだけれど空回り、頑張れば頑張るほど、心が追い込まれていく。東京で就職した友人たちからは、景気のいい話ばかりが聞こえてくる。やれきれいなOLと合コンした、やれ海外出張したなどと。

ボロボロで自信のかけらもないみじめな時に、そんな話は聞きたくなかった。華やかなサークルの代表だった見栄やプライドもあった。彼らからの電話をいつしか着信拒否にしていた。友人たちは、噂し合った。

「関谷、死んだらしいぞ」

黄金コンビの誕生

どん底の毎日。こうして3年の月日が流れた。気力も尽きて、僕は営業活動をやめていた。最後はノイローゼのようになり、人と会うことも拒絶するようになってしまっていた。毎日のように公園でぼけっとするか、図書館で色々な本を読みあさっていた。

ある日、用事があって市役所に足を踏み入れた。役所ってごちゃごちゃしてるなと見渡していると、あるポスターが目に飛び込んできた。

「助成金、申し込み受け付け中」

助成金って、お金をもらえるということだよな。僕でももらえるのかな。そう思って窓口で聞くと、この助成金はきちんと申請すれば誰でももらえます、との返事。お金がもらえるのか。久しぶりに心が躍った。

しかし、申請は複雑で難しい。諦めかけたが「助成金無料相談コーナー」というものがあると知った。早速相談にいくと中小企業診断士の資格を持っている、いかにも暇そうなおじいちゃんがいた。僕も暇だったので何日も通い、朝から夕方まで丁寧にひとつひとつ書き方を教えてもらった。そうして申し込むと50万円もらえた。

お礼も兼ねて、再びおじいちゃんのところに行く。

「助成金って、他にもあるのですか?」

「たくさんあるのだけど、難しくて皆あんまり活用してくれないんだよなぁ」
「どんなに難しくても片っ端から申し込みます。頑張るので、教えてください」

営業をやめた僕には、時間がたっぷりあった。それまで退屈そうだったおじいちゃんも、若者が頼りにしてくれるのが嬉しかったのか、喜んでトコトン付き合ってくれた。助成金をとりたい僕と、とらせるのが仕事のおじいちゃん。黄金コンビの誕生だ。

元優等生の僕は、本領を発揮した。コツを掴んでどんなに難易度の高い申請もクリアする。片っ端から様々な助成金の取得に成功していく。もっとも、ただ出せばとれるというものではない。高額な助成金の申請には、新たなビジネスモデルを生み出さなければいけない。僕は、おじいちゃんと知恵をふりしぼって、連日様々なアイデアを話し合った。

産学連携にからむ共同研究の助成金の話があった。宇都宮大学の工学部と連携したビジネスモデルに、数百万円の高額な助成金が出るというのだ。目をつけたのは大学が研究していたオゾン。強力な殺菌力があるが、原料は水と空気。一切薬品を使わない。オゾンで水道管のなかを殺菌してきれいにする次世代の水道管メンテナンス事業。

おじいちゃんと練り上げたそのプランは、助成金を見事ゲットできた。その後大学の研究室と連携し、住宅やマンションで試験を何度も繰り返した。そして実用化に成功する。会社の名義で特許も出願した。

大学や市役所、県庁でも、次第に僕の名前が轟《とどろ》いていく。またあいつか。ある日、栃木県庁の偉い人がやってきた。

「関谷さん、お願いがあります。そのビジネスをひっさげて、経済産業省がやっている国の助成金に挑戦していただけませんか。難易度も倍率も非常に高いのですが、関谷さんならいける気がするんです。県内企業が採択されれば栃木県の大きなPRにもなります」

県庁の人たちが全面支援してくれた。市長、県知事、大学の学長も応援してくれた。そして、なんとか最終選考に残り、東京の大きなホテルの会場で大臣たちの前でプレゼンをした。そして、結果は……。

見事、採択された。北関東初の快挙だった。新聞にも大きく取り上げられ、地元のマスコミは僕を「栃木の若きカリスマ」と持ち上げた。

その後、県の水道局からの受注を皮切りに、オゾンによる水道管メンテナンス事業は拡大していく。倒産寸前の水道屋は新規事業の成功で急成長していった。僕は事業立案のイロハのほとんどを無料の相談コーナーで学び、事業開発の資金のほとんどを助成金でまかなってきた。

しかし、いいことばかりではなかった。元気になって前線に戻ってきた父親と、連日衝突するようになっていた。僕の博打《ばくち》のようなやり方は危なっかしく見えたようだ。実際、周囲から見るとかなり強引な部分も多かった。そして社長は父、僕はあくまでも専務。特許も会社の代表である父名義だ。

この日も激しい口論が続いた。

「おまえは自分ひとりで偉くなったつもりかもしれないが、勘違いだ。祖父の代から築いてきた家業の歴史がある。それがあるから、皆信用して応援してくれているんだ」
「そんなことはない。俺が全部やったんだ」

父と僕は口論が絶えなくなった。ある日、僕は父にタンカを切った。
「引退するか、俺を首にするか、どっちかにしてくれ」
「お前はまだ何もわかってはいない。この会社を継ぐには早過ぎる」

父は親の深い愛情で、僕のことを心配してくれていたのは痛いほどわかっていた。しかし、僕は焦っていた。30歳までにとことん自分を追い込んで、勝負をしたかったからだ。話し合いはずっと平行線。そうして僕は父の会社を辞めることをひとり決意した。

一度決めたら、絶対にやらなきゃ気がすまない性格を父はよく知っていた。最後は父も理解してくれた。後はなんとかすると反対に背中を押してくれた。そして、会社設立のための資金のほとんどを何も言わずに貸してくれた。

二階堂小百合って誰だ

再び東京に出た。起業するなら東京で勝負をしようと決めていた。ちょうど六本木ヒルズがオープンした頃でＩＴバブル全盛だ。ドラマのようにキラキラして見えた。ミーハーな僕は六本木ヒルズが見える西麻布の外れのマンションの一室を借り、住宅兼事務所として会社を設立した。

社名は、「オアシスソリューション」。楽園を目指してオアシス。ＩＴ企業のようにシステムの「ＳＹＳ」と「ＳＯＬＵＴＩＯＮ」をくっつけてなんとなくカッコつけた。２００６年、28歳の時だった。とりあえず勢いで起業はしたものの、何をするかは決めていなかった。

さて、事業は何をしようか。色々考えたけれど、自らが手掛けた水道管メンテナンス事業に未練があった。東京には星の数ほどマンションがたくさんある。ビッグビジネスとして花開く可能性がある。

上京しすでに2か月ほど経っていた。いったん地元に戻り、父に頭を下げた。

「あの事業を東京でやらせてほしいんだ」

「わかった。おまえの会社を東京での代理店にしてやる」

父はなんだか少し嬉しそうに見えた。

そして事業はスタートした。営業活動をはじめようと思ったけれど、この砂漠のような東京で、ひとりでの営業は寂しい。求人費もないので、ハローワークに行って、無料で社員募集をかけた。

「六本木ヒルズ近くの西麻布の会社、オープニングスタッフ募集」

おしゃれっぽさに誘われたのか、同じ年の元気な女性が応募してきてくれた。名前は馬場といった。ふたりでマンションの管理会社に営業をかけた。朝から晩まで飛び込み営業。そして、移動の合間にテレアポ。でもまったく相手にされなかった。運よく話を聞いてくれても……。

「ところで実績は、ありますか？」
「栃木では、たくさんあります」
「いいえ、東京での実績です」
「それは……」

ふたりは、途方に暮れた。

その時、映画のあるシーンをヒントに、とある営業のアイデアを思いついた。若気の至りというか、今思うととんでもない手法だ。それぐらい八方塞がりで追い詰められていた。どうせ今だってダメダメだ。後悔するならやってから後悔しよう。


「馬場ちゃん、君は今日から、二階堂になってくれ」

「に、二階堂???」

「そして、俺の第一秘書になってもらう。秘書役のビジネスネームが『二階堂小百合』だ。なんか漢字三文字の苗字ってもっともらしいでしょ。あ、そうだ、『伊集院』でもいい。好きなほうを選んで」

「あの、意味がわかりません……」

「ビジネスネームは芸名みたいなもの。某大手レンタル会社で実際に採用しているところがある。社員2名の会社で秘書がいちゃいけない決まりはない。まあ、第二秘書はいないけど(笑)。俺がシナリオを書くから、馬場ちゃん、何も言わずにとにかく練習してくれ」

まずは馬場ちゃんが営業をかけたい会社の代表番号に電話をかける。

「お世話になっております。わたくし、オアシスソリューションで代表関谷の第一秘書をつとめております二階堂と申します。○○不動産さまのお役に立つ貴重なご提案があり、関谷が直々にお伺いしてお話ししたいと申しております。秘書室に繋いでいただけませんでしょうか」

オアシスなんたら社、もちろん聞いたことがない。でも、第一秘書と言っているし、二階堂という名に風格を感じたのか、馬場ちゃんがたくさん練習したかいがあったのか。そうしていくつかの会社の社長や役員にアポがとれた。

オゾンによる水道管メンテナンスは、実際にマンションにとっては凄く役に立つ技術であった。このアポをきっかけにとある中堅会社が興味を示してくれた。そこの社長の指示で、その会社の技術部長が出てきた。部長はゼネコンあがりで、見た目は強面《こわもて》だ。いかにも昔悪かったんだろうなという雰囲気。

「おい、第一秘書なんてデタラメだろ。いい根性しているな、お前」

怒られると思って土下座しようとすると、部長は満面の笑みで大笑いした。

「面白い、気に入ったよ。おい関谷、飲みに行くぞ」

その後、幾度となく飲みに連れて行ってもらって、弟分のようにかわいがってもらえるようになった。そうしてある日、部長の親しい管理組合の理事長を紹介してもらえることになった。はじめは無料のお試しからスタート。結果は大成功。そして、そのマンションで正式に採用された。

夢にまでみた、起業してからの初受注だった。

3・11から学んだこと

マンションでの初採用が決まってから、その後評判が評判を呼ぶ。その実績を皮切りに次々に商談が決まる。事務所が手狭になり、何度となく引っ越した。2年目には大阪進出。3年目には、福岡、名古屋、仙台など全国7拠点を持つようになった。株式の上場話が持ち上がった。監査法人とも契約して、証券会社と上場準備がはじまった。

そして、2011年3月11日を迎える。そう、あの大惨事が起こるのである。

東日本大震災は当社の事業にも大きな影響があった。幸い潰れるほどのダメージではなかったが、株式の上場準備はストップした。でもそんなことより、もっと大変な人がたくさんいる。人、建物を大津波が飲み込んだ。多くの方が亡くなってしまった。色々なことを考えさせられた。

社会人になって10年近く、毎日走り続けた。ゆっくりと自分を見つめ、今後の人生や経営のあり方について深く考える時間を持ったのは、思えばはじめてだった。震災から自分なりに得た教訓がふたつあった。

一つ目は、事業がひとつしかないと、突然の大きな社会変化に弱く、頼りないということだ。実際、震災の影響で、水道事業の売り上げは一時的だが激減していた。事業を複数にしたい。理想は3本の柱をつくることだ。できれば、いつの時代にも普遍的なテーマである衣食住に関する事業がいい。

二つ目は、人生は、はかない。いつ死んでも悔いのないよう、様々なことにチャレンジしなくては、ということだ。多くの方が亡くなった。無念だっただろう。自分は今回生かされたが、明日何が起きてもおかしくはない。

もし、水道以外にも心の底からやりたいことが見つかったら、ひるむことなくチャレンジしよう。

そうひとり心に決めた。

とはいえ、何かやりたいことがあるわけではない。今は目の前の水道事業だ。全国展開に続いてアジア展開を目指した。シンガポール、香港、韓国などの市場調査をしていく。

そして、台湾。ここで、人生が大きく変わる予想もつかない出会いが待っているとは……。

第2章

飲食・アパレル業界での無謀な挑戦

台湾での運命の出会い

台湾を調べてみると凄く興味を持った。台湾の人たちは、とてもやさしい。気候もいい。親日の人が多い。水道の事情も日本に似ている。日系の企業も、たくさん進出している。水道事業の需要もたくさんありそうだ。

気に入って何度も視察のために台湾に行った。行けば行くほど、台湾が好きになっていった。出張から帰国するある日、少し時間があって空港の出国カウンター近くの店で、ある飲み物を口にした。それは、タピオカミルクティー。

台湾の街では、いたるところでタピオカミルクティーが売られている。女性や子どもが好きな甘い飲み物だ。僕はあまり甘いものを口にしない。決して好きではなかった。けれど、空港にある店は、老舗《しにせ》の有名店のようだ。試してみるか。

（美味い！！！！　上品な甘さだ。何より、お茶の香りがいい）

びっくりするほど感動した。その店は「春水堂」と書いてあった。しゅんすいどう？　いや、台湾の読み方だから、チュンスイタンである。

（今度台湾に来た時、本店に行ってみよう）

次回の出張で、早速台中にある春水堂の本店に行ってみた。台中は台北から新幹線で約1時間。台湾第三の都市だ。本店はガイドブックにもよく取り上げられている。外観は風格があって厳《おごそ》かな雰囲気だ。そして、きれいでおしゃれそうな店のなかに入った。

えっ……。

雷が頭に落ちた。鳥肌が立ち、震えが止まらなくなった。なんだこの見たことのない空間は……。次の瞬間。頭のなかで鮮やかではっきりとした映像が突然広がった。僕が春水堂を日本中で展開しているシーンだ。

（この店を、俺は日本でやるのか……）

なぜか……。もはや理屈ではなかった。

ここで春水堂について、少し説明しておこう。タピオカは、キャッサバの粉を丸めてゆでた伝統的なスイーツ。それと甘いシロップなどが入ったお茶とを混ぜ合わせ、太いストローで飲むのが台湾のソウルフードともいえるタピオカミルクティー。

このドリンクを開発したのが、1983年に創業、台湾に50店舗以上ある国

著者が通った春水堂の台湾本店

民的人気カフェ「春水堂」だ。茶葉の質にこだわり抜いた絶品のアレンジティーとカジュアルな台湾料理、そして上質なインテリアと空間。伝統とモダンのハーモニーが台湾の人々の心をとりこにし、ナンバー1ブランドに上り詰めた。世界中にファンも多い。

そして、この春水堂。お茶と料理、サービスの質を保つため、あるポリシーをかたくなに守ってきた。

春水堂の本店で、「日本での展開」を突然思い描いてしまった僕は、衝動的に店の人に頼んでいた。

「オーナーに会わせていただけませんか？」

店の人のあっけない返事は、こうだった。

「そういう人が世界中からたくさん来ます。全員断れ、と言われています」

春水堂には、こんなポリシーがあると知った。海外には絶対に出ない。品質を守るため。春水堂のブランドを守るため。海外で半端なことをやられたら、台湾での名声も危うくなるから。

しかし、ハイ、そうですかと諦めるわけにはいかない。春水堂への想いが日に日に大きくなる。そして、やっと、これをやりたいと湧き上がる魂の叫びを聞けたのだから。大袈裟《おおげさ》でなく、これは運命だと感じていた。

台湾での水道事業をはじめていたが、心、ここにあらず。台湾に来るたびに、月に3〜4回のペースで、春水堂に通った。すると通っているうちに、同じ年頃の男性店員と仲良くなった。彼とは色々な話をするようになった。

通いはじめて1年半が経とうとしていた。オーナーにはやはり会わせてはもらえなかった。残念だけど、さすがの僕もそろそろ引き際かな、と思った。

これで最後にしようと、熱苦しいほどの想いを綴《つづ》り、中国語に翻訳したそれはそれは分厚い資料をまとめて、彼に手渡した。

「最後のお願いです。これをオーナーに見せてほしい。それでも僕に会いたいと思ってくれなかったら、今日を最後に諦めます」

1週間後、彼から1通のメールが来た。

「オーナーに見せました。関谷さんに会いたいと言っています」

僕は喜んですぐ台湾に飛んでいった。夢にまで見たオーナーと面会することができた。あとで知ることになるのだが、この仲良くなった男性店員は、オーナーの息子さんであった。想いは運をも引き付けた。

ど素人には任せられない

オーナーは神々しいほどのオーラを放っていた。年齢は60代前半。台湾を代表する茶人であり、書道家、写真家としても名を馳せる超一流の芸術家。そして、カリスマ経営者だ。そんな物凄い人を目の前にして足の震えが止まらなかった。

オーナーは聞いてきた。

「君は日本でどんな飲食店を経営しているんだ？」

前列右からふたり目が著者、３人目が春水堂のオーナー

「いいえ、水道の仕事をしています」

「えっ？　水道の仕事？　飲食店もしてるんだよね？」

「いいえ、一度もしたことはありません」

オーナーは驚き、そして大声で笑った。飲食のまったくのど素人からのオファーははじめてだったようだ。それでも僕の提案書を高く評価してくれた。時間を忘れてたくさんの話をした。どうやら、僕のことを人として気に入ってくれたようだった。

そして日本での展開が……そう簡単

に決まるわけがない。

春水堂の幹部たちから、毎月、毎月、たくさんの難解な宿題を出された。品質維持のオペレーション、従業員の教育計画、店舗設計プラン、日本で失敗した時ブランドの毀損をどう保証してくれるのか、などなど。

ただでさえ難しい宿題の山だったのに、専門用語だらけ。しかも翻訳すると微妙に意味が変わってしまう。気が遠くなるような作業の連続だった。実は、幹部たちは、僕に任せて日本で展開することに大反対だったのだ。

「よくわからないあんな若い奴にやらせるなんて、とんでもない」
「春水堂は、ただでさえ海外に出たことがない。それなのに、飲食をしたこともない素人にさせるのか？」

オーナーは僕のことを「面白い奴」と評価してくれていた。ただ、評価してくれたのはオーナーひとりだけだった。

そして1年間、宿題を出されては回答を提出して、ダメ出しの繰り返し。それでも僕は挫《くじ》けなかった。春水堂を日本に持っていけるのは僕しかいない。諦めなければ、いつか道は切り開くと信じていた。ただ、その道は果てしなく険しかった。

ある時、台湾での経営会議に呼ばれた。そして、会議前にオーナーとふたりきりで話をした。僕は真剣にオーナーに熱く語った。

「100％上手《うま》くいくという保証は、確かにありません。でも、僕には誰にも負けない情熱があります。飲食の経験はありませんが、だからこそ誰よりも素直だ。そして、日本展開は息子さんと共同でやらせてくれませんか。息子さんは飲食のプロです。サポートしてくれたら心強い」

さらに、続けた。

「ただ、僕には経営の経験は多少はあります。そして息子さんと僕とは年齢も近い。仲もよいし相性もよい。息子さんにとっても海外展開は新たな成長の機会になるはずです。わたしはそのベストパートナーになれる」

最後にこう締めくくった。

「ゼロからの起業。タピオカミルクティーの開発。長い歴史のあるお茶文化に革命を起こした。オーナー、あなたは真の挑戦者です」

オーナーは遠い目をし、深くうなずいていた。

経営会議がはじまった。会議は紛糾した。オーナー以外からは僕と組むことに、やはり反対の嵐。

「あんな若い素人に絶対に任せられない」

オーナーは言う。

「最後は、人だ。あいつは本物だ。任せてみよう」

幹部が言う。

「上手くいく根拠を教えてください。素人ですよ。オーナー、失敗したら、春水堂の名に傷がつくのですよ」

会議は平行線のまま、永久に続くかとさえ思えた。最後に、オーナーが静かに力強く言った。

「春水堂はわたしがつくったブランドだ。公務員をやめて起業した時、親や周囲は全員大反対だった。彼と出会ってあの頃の気持ちを思い出したんだ。もし全力でやって失敗したなら構わない。その時の責任は、わたしが取る」

そうして、僕はオーナーの息子さんと合弁会社をつくり、日本での春水堂展開を進めることになった。海外に出ないはずだった春水堂の、奇跡ともいえる日本進出。ネット上では、一部の台湾フリークの間で大騒ぎとなっていた。

突然のSNSからの連絡

春水堂の日本上陸の情報を知って、ひとりの女性が、SNSを通じて突然連絡をしてきた。

「台湾が好きで、春水堂が好きで、今は経営コンサルタントをしています。一度お会いできませんか？」

（うちの会社へのコンサル営業か。かまっている暇はない、ごめんだね）

はじめはそう思った。

連絡をしてきたのは木川瑞季《みずき》、年齢は僕のひとつ下。世界的な経営コンサルタント会社、マッキンゼー・アンド・カンパニーに新卒で入社をし、そのコンサルとして、台湾に駐在していたことがある。人一倍春水堂への愛が強くて、いてもたってもいられずに、ＳＮＳで僕を探してとっさに連絡をしてきたという。この無鉄砲な行動力、何やら自分と同じ匂いを感じた。とりあえず会ってみよう。

やってきた彼女に、僕は春水堂への想い、3年通い詰めた話、オーナーがいかに魅力的で凄い人なのか、時間も忘れて熱く語った。いつしか、場所は居酒屋へと移っていた。彼女は知的な雰囲気とは裏腹に、よく笑いよく酒を飲む。初対面とは思えないほど気が合い盛り上がった。話はいつまでも尽きなかった。

春水堂を愛する同志として、どのように日本展開をしようかと具体的な話に移っていた。彼女もいつかは春水堂を日本に誘致したいと強い野望を抱いていた。話せば話すほど、一緒にやってくれたら嬉しいなと思うようになっていた。そして、帰り際に僕は意を決して彼女に伝えた。

「あなたの今のコンサルの高い給料はとても払えない。春水堂は素晴らしいブランドだが、日本でアジアンカフェが成功した事例はない。ましてや僕は水道の仕事しかやったことのないど素人だ。もし失敗したとしても後悔しないのなら、コンサルとしてではなく一緒にやらないか。ただし、即答はしないでくれ。リスクだらけの難しい選択だ。最低2週間はよく考えてほしい」

僕が示した条件は、彼女の今の給与の3分の1。こちらから誘ったものの、流石にこないだろうと思った。そして、2週間後、彼女から返事がきた。

「本当によく考えました。入社させてください。たとえ上手くいかなくとも後悔はしません。ただ、ひとつだけお願いがあります。税金が払えないので、しばらくアルバイトしていいですか？」

木川は当時勤めていた会社を辞めて入社してきた。春水堂の仕事の合間に、彼女はビジネススクールの講師も掛け持ちした。２０１３年12月、日本で春水堂を経営する会社「オアシスティーラウンジ」を設立した。パートナーであるオーナーの息子さんは台湾にいる。日本でのスタッフは事実上、僕と彼女だけだ。

水道とコンサル、それぞれ専門分野での実績はあるが、ふたりとも飲食のど素人である。意気投合して、熱い想いではじまったふたりだが、喧嘩のようなやりとりは連日、朝から晩まで続いた。僕もわりかし気が強いほうだが、彼女もまた気が強い。想いが強い分だけ、それぞれ真剣だ。

店をこうするんだ、と僕は言う。

彼女は言う、その根拠を示してと。

前例がないんだ。根拠なんかない。

でも直感でやるなんて認めない。

バカじゃないか。バカじゃないです。

そんな口論、もとい、熱い議論の日々。

店は赤字続きだった。僕らはどんどん追い詰められていった。タピオカミルクティーを中心とした本格台湾茶カフェ。オープン当初は話題になり、幸先《さいさき》のいいスタートであったが、次第に客足は遠のいていった。アジアンブランドのカフェは簡単には受け入れられなかった。カフェ業界ではコーヒーがないと絶対に上手くいかないということは常識だった。

苦肉の策で、おにぎりを出す。ロールケーキを出す。色々試し、ダメならまた次の手を考えて試してみる。またダメだ。ふたりの挑戦、いや迷走は続く。何しろ前例もなければ、答えもない。

台湾の本家、春水堂のオーナーへの責任がある。幹部全員に反対されても、信じて任せてくれた。負けるわけにはいかない。毎日毎日自分たちに言い聞かせた。

日本人は、絶対に春水堂を好きになる。

春水堂のタピオカミルクティーと開発したフードメニュー

しかし資金が限界に近づいていた。水道の社員たちからはお願いだからもうやめてくれと何度も懇願された。もうダメか。最後の気力を振り絞り、友人である都内で人気レストランを8店舗経営する〝こがっち〟こと古賀社長に協力してもらい、台湾らしい麺料理をなんとか試行錯誤の末に開発した。そしてミルクティーとセットで売りはじめた。すると、おしゃれで落ち着く店内で、女性が気軽に食事ができるお店としてのニーズにヒットした。そして、少しずつだがようやく利益が出るようになった。春水堂が日本に上陸してすでに3年が経とうとしていた。
その後、春水堂は都内に店舗が増えていき、横浜に出店したのを皮切りに、福岡、大阪、京都、広島など全国へとどんどん広がっていった。本格的なお茶を使ったアレンジティーはコーヒーが苦手な人たちをはじめ、徐々に熱狂的なファンをつくっていくこととなる。台湾人気もあいまって春水堂は本格タピオカミルクティー人気の火付け役となった。のちに飲食史に残る空前の大ブームになることなんて当時は想像すらしていなかった。

水道事業に、春水堂というもうひとつ柱となる飲食事業が加わった。でも、3本柱にするためにはあとひとつ経営の柱がほしい。そう考えていた矢先に、まさかの奇想天外なアイデアと巡り合うこととなる。

あのひと言からはじまった

春水堂の日本での展開が、なんとか軌道に乗って店舗もどんどんと増えていくなか、２０１６年、創業10周年を迎えた。何か記念事業をしようと何人かの社員にヒアリングをする。雑談するなかで、こんな話が出てきた。

「若い人を採用するために、水道事業の作業着をカッコよくしませんか」
「作業着は確かに変わり映えしない。面白いね！　よしやってみよう」

そうして、ユニフォームプロジェクトをスタートさせた。世界中の作業着の資料を色々と取り寄せてみる。知り合いのデザイナーに頼んでデザインしてもらう。つなぎにしてみようか。ストリートファッションぽくしてみようか。

色々試すが、どうもしっくりこない。作業着をカッコよくしようとすると、なんだかちぐはぐになる。気がつくとすでに1年近く経っていた。ダメだ、もうやめよっかな、と行き詰まるなかでの、ある日のミーティング。人事にいた女性が、ポツリとこんなひと言。

「スーツみたいなスタイルで作業できませんかね？　ホテルのコンシェルジュのような感じでパリッと決まったスーツのような作業着」

「おい！　何言ってるんだよ。そんなの無理だろ。スーツで作業なんかできるわけないだろ」

僕は怒鳴りつけるように一蹴《いっしゅう》した。

けれどその日から、なんだかずっと心にモヤモヤが残った。子どもの頃のことをふと思い出した。水道屋の息子なので、作業着姿の人たちに小さな頃から囲まれてきた。作業着で働く姿はカッコいいと思っていたし、ガテン系のプライドの表れだと思っていた。

だが、とあるクリスマス。イタリアンレストランで作業着姿の父と食事している時、同じ店で、ピシーッとスーツを着ている父親と食事をしている同級生と出会う。

（あの時とっさに、ふと恥ずかしいって感じてしまったんだよなあ）

就職活動をする大学生に向けた様々な企業が集まる採用説明会でのこと。僕のつくった会社「オアシスソリューション」。オゾンを使って水道管のなかを殺菌洗浄する特殊な工法で、成長してきた。全国展開も達成した。社名もＩＴ企業のように今どきだ。

通りすがりの学生になんの会社ですか、と聞かれ、僕は待ってましたとばかりに、

「水道管メンテナンス事業だ。急成長しているよ」

誇らしげに答えると、学生が軽く失笑しながらこう言った。

「えっ？　水道管？　なんか地味でダサいっすね。作業着とか着るの無理っす」
実際、若い社員の採用には当時もの凄く苦戦していた。なんだか悔しかった。そんなにホワイトカラーって偉いのか。ブルーカラーは職業的に2軍、3軍扱いなのか。それまで深く考えたことはなかったが、確かに服装で職業のイメージって決まってしまう。

スーツはスーツ、作業着は作業着。イメージも機能もまったくの真逆。そして、どちらもずっと長らくなんの変化も進化もない。スーツと作業着の境目をなくす。そうすれば、職業観が変わるかもしれない。業界に一石を投じることができるかもしれない。熱い想いが腹の底から込み上げてきた。

「よし、やろう」

あの日ポツリとアイデアを口にした、人事の女性社員を呼び出した。

「あのスーツのアイデアを採用する」
「えっ。社長、単なる思いつきだし、半分冗談ですよ。本気にしないでください」
「いや、俺は本気だ。やると決めたらやる。発案者として一緒にやってもらう」
「えーーー、勘弁してください」

嫌がる彼女を無理矢理に引きずりこんだ。前代未聞のプロジェクトがここにスタートする。服づくりなんてしたことのない水道屋。もちろん簡単にいくはずがなかった。まずは試作からはじめてみるかと、様々な生地を取り寄せ、つくってくれるところを探し、サンプルをつくり現場で試してみた。

耐久性がいい生地を使うと、着心地が悪くなった。着心地がいい生地だと、耐久性が悪くなった。見た目を重視すると、機能性が悪くなった。機能性を重視すると、スマートさが消えた。そして作業着なので、毎日、洗濯機でガシガシと洗えなくてはならない。

流石にそう簡単ではないと思ってはいたが、まったくもって上手くいかない。

最新の生地を様々なメーカーから何十種類も取り寄せた。試作を何度も何度も繰り返した。しかし、すべてダメだった。

普通は、ここでやめるか、妥協するだろう。だって、社内のユニフォームのことだから。だが、根っからの負けず嫌いの僕の心には火がついていた。

俺は、単なる服をつくっているのではない。職業観の垣根をぶっ壊すためにやっているのだ。絶対にやり遂げてみせる。

災難だったのは巻き込まれた人事の担当者、中村有紗《ありさ》。東大経済学部を卒業し、数ある大手企業の誘いを断り、新卒で僕の水道会社に入社をしてきた変わり種である。長く水道の営業を担当したのち、人事として採用を担当していた。アイデアを口走ってしまったばかりに、巻き込まれてしまった。

しかし、はじめはうんざりしていた彼女も、いつしか僕の熱にほだされたのか、そのうち感覚が麻痺してしまったのか、何やら楽しそうにのめり込んできた。

「社長、ここまできたら、なんとしてでもやりきりましょう」

やはり変わり種だ。

コロナでまさかの結果に

どこにも理想的な生地がないなら、もうつくるしかない。最後はとうとう自分たちで生地から開発することにした。社内のユニフォームのためにだ。もはや狂気の沙汰。相談を持ちかけた大手生地メーカーには、笑われあきれられ、当然相手にもされず散々に断られた。

しかし、捨てる神あれば拾う神あり。とある東海地方の小さな生地メーカーが、コンセプトに興味を持ち協力してくれることになった。そこから1年以上かかり、試行錯誤の末、ようやくオリジナルの生地が完成した。機能性と着心地のバランスを追求した、僕たちが追い求めた世界で唯一の理想の生地だ。
ユニフォームを変える構想からすでに2年近くが経っていた。生地の開発にまで手を出したので、つぎこんだ額は、数千万円にものぼった。その間、いい加減もうやめてくれという役員や経理とは何度も衝突していた。正論はもちろん彼らのほうだ。

その後、想像もしなかった展開が訪れる。

完成した〝スーツに見える作業着〟を、社員が着て現場に出かける。だぼっとした作業着と違って、スーツスタイルだと作業員の身だしなみや言葉づかいが自然によりよく改善されてきた。
はじめはお客様や周囲には驚かれ、不思議がられるばかりだったが、次第に、あれ、どうしたの？　いいじゃん！　スマートでいいね、と徐々に評判になっていく。

ある日、取引先の日本有数の大手不動産会社から、こんな話が舞い込む。
「うちのマンションの管理人たちのユニフォームに導入したいんだ」

これは社会を変えるようなビジネスになるかもしれない。２０１７年12月、世界初ともいえる〝スーツに見える作業着〟を手掛けるアパレル会社「オアシススタイルウェア」を設立した。そして、その服を「ワークウェアスーツ」、略して「ＷＷＳ」と名付けた。

宣伝のためにユーチューブにコンセプトムービーをつくって流してみた。するとたちまち、ネット上で騒がれた。評判になったのではない。大炎上してしまったのだ。

ふだん作業着を着ている人たちからは、作業着をなめるな、と。スーツを着ている人たちからは、スーツを侮辱している、と。さらには多くのアパレル関係者からは、素人のアイデア商法だと笑われバカにされた。「これは服ではない、おもちゃだ」とまで言われた。

六本木ヒルズにオープンしたポップアップショップ

けれど、炎上すれば炎上するほど問い合わせが舞い込み、次第に売れていく。導入企業のなかには、新卒の応募が3倍に増えた、社員の意識が変わった、など喜びの声が数多く寄せられるようになった。その評判が評判を呼び、どんどんと売れてゆく。テレビにも何度も取り上げられるようになった。

個人にも販売してくれと多くの人たちからの要望を受け、ネット販売もはじめた。大手のファッション通販サイ

東京駅の八重洲地下街にオープンした記念すべき初の直営常設店

トで17万アイテム中、月間総合1位を獲得するなど、人気は沸騰。そして、コロナ禍においては、毎日洗える感染対策ウェアとして、また、楽に着られて身だしなみもよいテレワークウェアとして、さらに人気に拍車がかかった。

百貨店やセレクトショップもこぞって取り扱いをはじめた。大手航空会社とのコラボ商品も実現し大ヒットとなった。春水堂が入居している全国の商業施設の担当者からも話題を聞きつけ連絡が相次いだ。ルミネ新宿や六本木ヒルズをはじめ、グランフロント大阪、アミュプラザ博多などの日本を代表する商業施設でのポップアップの開催も広がり、想定を遥かに上回る売り上げを叩き出すことができた。ついには念願だった初の常設店舗の1号店を東京駅直結の八重洲地下街にオープンすることもできた。

初年度の売上高は1億円にも満たなかったが、2期目はその200%を超える売り上げに成長し、さらに3期目である2020年度の売上高は前年の400%を超える勢いだ。WWSを法人で導入している企業は2020年12月時点でなんと800社にのぼる。コロナ禍にあって服の売れないこのご時世。この異例ともいえる快挙に、アパレル業界のまさに注目の的となった。

僕らが掲げるビジョンは「アパレル界のアップルになる」という壮大なものだ。どうせ目指すなら人から笑われるぐらいが丁度いい。アパレル業界はコロナ以前より環境汚染産業といわれ多くの問題を抱えてきた。服を売るために毎年作為的にトレンドが生み出され、大量に服がつくられ大量に廃棄されていく。

コロナがきっかけとなり、着飾るだけの服から様々なシーンで着回せるシンプルで機能的な服が求められるようになった。またＳＮＳで簡単に自己表現できるようになり、ファッションだけが自己表現のための役割でなくなっていった。水道屋が開発した「ＷＷＳ」はまさにそんな時代に登場し、これからの時代に求められる服となった。ニューノーマルの象徴となる、あらゆる場面で活躍する「ボーダレスウェア」市場を創造し、日本だけでなく世界標準を目指して挑戦を続けていく。

第3章

やりたいことは全部やれ

——マインド編

幸せの定義って色々あるけれども、より高いレベルでの幸福度を味わうためには僕は、3つの自由を手に入れることが必要だと思っている。お金の自由、時間の自由、選択の自由。そして、この3つの自由を手に入れる方法って仕事がとても効率がいい。宝くじが当たる確率よりも仕事を成功させるほうが遥かに確率が高いし、人のマネジメントが上手くなればなるほど、収入と比例して時間も手に入れることができる。仕事やプロジェクトを成功させることで自信や信頼を勝ち得ることができれば、様々な選択を自らの意思でチョイスできるようになる。3つの自由を手に入れる近道って、仕事を頑張ることが実はとても効率がいいのだ。

けれども、その仕事の成功のために、つまらないことややりたくないことの我慢ばかりで疲弊したり、休みがとれなくてプライベートもカラカラで、挙げ句の果てには体調やメンタルを壊してしまったら本来の幸せになるという目的からはまさに本末転倒だ。気の合う仲間たちとやりたいことを楽しみながらつきつめて、それが仕事として成功できたら究極の理想だ。その上さらにお金、時間、選択の3つの自由を手に入れることができたら、まさに最高だ。でもそんな夢みたいな理想なんて上手くいかないのもまた現実だったりする。だから多くの人ははじめから無理だと諦めてしまう。

やりたいこととお金を稼ぐことの両立は難しい。そんなことができるのは一部の才能のある人や、売れっ子のユーチューバーだけでしょって他人ごとにしてしまう。確かに、そう簡単なことではない。いや、かなり大変だ。本気で目指すと「無理だ」「やめとけ」って、応援されないどころか叩かれたりもする。けれど、スラムダンクの安西先生の名言を借りれば「諦めたらそこで試合終了だ」。諦めさえしなければ、何かしらの方法がどこかにあるものだ。僕はやりたいことばかりやってきた。全部やってきた。それと比例して、その分、何倍もたくさんの人に笑われてきたし、挫けそうになったことも数え切れないくらいあった。そりゃ苦労も多かった。

それでもなんとかそれぞれかたちにして、世の中のヒット事業を生み出してきた。今では様々なところから講演を依頼されたり、偉そうにこうやって本を出版したりもしている。今でももちろん苦労や大変なこともたくさんあるが、仲間たちとの冒険のような楽しい毎日だ。人生の選択に正解なんてない。何を選んだって後悔はつきものだ。「急がば回れ」や「人間万事塞翁《さいおう》が馬」って言葉があるように、どんな選択でも選んだ道を正解にしてしまえばいい。笑われたって、後ろ指さされたって、馬鹿にされたって、成し遂げてしまえばどんな失敗だって成功へのプロセスになるのだ。周りの評価も手の平返しでガラッと変わる。エジソンもコロンブスもきっとそうだったに違いない。

ここからは、僕がいかにしてやりたいことをかたちにできたのか。僕の今までの様々な遠回りやたくさんの失敗で学んできたことをコラム形式で綴っていく。まずはマインド編から。スキルよりも先に圧倒的にマインドが重要だ。何をやるにも気持ちや考え方のベースがしっかりしてないとはじまらない。

考えると悩むは、天と地ほど違う

僕がいつも言っている言葉、「悩んだら、ぶっこめ」。少々乱暴な表現だが、周りを見渡してみると、控えめというか、悩んで結局発言しない、やらない、とりあえず様子見のような対応が目立つ。リスクヘッジだの、ちゃんと考えてから言動しようという考えはもちろん理解できる。ただ、多くの人がよく混同してしまっているが、〝考える〟と〝悩む〟は天と地ほど違うということ。

〝考える〟というのは、生産的な活動をするための前向きな準備だ。〝悩む〟というのは、答えの出ないことをただいたずらに悶々《もんもん》とするだけの行為だ。どんなに悩んでも答えの出ないことでウジウジしているくらいなら、失敗しても行動したほうが何万倍もいい。結局は行動しなければ、何も人生は変わらない。

たとえば、あるお偉いさんにアポを入れたい。でも、そんな忙しくて偉い人にアポの依頼なんてしてしまったら失礼かもしれない。生意気と思われるかもしれない。でも、アポは取りたい。どうしよう。連絡すべきか、しないべきか。どうしよう。えっと、どうしよう。ああ、どうしよう。これって答え出ます?? これは考えるとは言わない。ただ悩んでいるだけ。答えの出ないことをウジウジと何周もしているだけ。それで、さんざん悩んで、やらない理由をたくさん並べて結局やらない。そして、事態は何も好転しない。

異性をデートに誘うのも同じような事例かもしれない。しっかりと作戦を〝考える〟ことは大切なことだが、モヤモヤ堂々巡りするような〝悩み〟であれば、とにかくぶっこんで行動してしまったほうがいい。もしかしたら、結果は散々かもしれない。行動しなければよかったと後悔するかもしれない。でも、結局は行動しなければ何もはじまらないし、何も手に入れることはできない。人生はやった後悔よりもやらなかった後悔の方が、のちのち何倍も後悔する。

悩んだら、ぶっこめ！

まずは、１００回復唱するところからはじめてみよう。

野球選手は野球を飽きないのか？

プロ野球を見てるとたまにふと思うことがある。野球選手って野球をずっとやっていて飽きないのかな？　ずっと同じことの繰り返しのはずだけど、飽きているイメージはない。あの人たち、子どもの頃から野球ばっかりやっていて、大人になっても、毎日野球ばっかりやっている。いくら好きなこととはいえ、何十年も同じことをやっていたらさすがに飽きるでしょ。本当かわいそうな人たち……とはならない。

でも仕事だとそういうことってたくさんある。ずっとルートセールスしている。ずっと店舗で接客している。ずっと経理で数字と睨めっこ。いつまでも同じことの繰り返し。飽きる。つまらない。でも仕事だから仕方ない。

この差ってなんだろう。個人的に思うのは集中力の差。脳が集中するとドーパミンが生成され、気持ちいい、楽しいって感じる。たとえずっと同じようなことを繰り返していても、昨日よりも上手くなりたい、効率を上げたいって創意工夫し、集中してやっていると何をやっても案外楽しくなってくるもの。反対に何も目標も持たずに、同じことをダラダラ惰性でやっていたらそりゃ飽きる。同じことの退屈な繰り返しとしか思わないわけだ。

僕の大切な業務のひとつに採用説明会がある。採用は会社の未来のために何よりも重要だ。ベンチャー企業の魅力は創業者が一番伝えられると思っているから、すべての会で登壇している。毎回たっぷりと全力で真剣に話す。回数でいうと年に80回くらい。スケジュール調整もモチベーション維持もそりゃ大変。

やり続けられているのは、ひとつに優先順位。採用を最重要項目にしているから優先できる。そして日本一のレベルを目指しているからどんなにやっても飽きない。日本でもっとも満足度の高い採用のプレゼンを目指している。

間合い、スピード、笑い、惹きつけ、感動、期待。目指すは人間国宝の落語の師匠のレベル。そして視聴満足度は「ネットフリックス」を越えたい！　去年でいえば、『愛の不時着』がライバルだった。日々磨き続けているので、正直かなりのレベルに達しているとの自負はあるが、「ネットフリックス」に勝てるかというとまだ程遠い。まあ、『愛の不時着』と張り合っている採用説明会もどうかとは思うが（笑）。ただ常に高い高いところを目指していたい。本気で日本一を目指している。だから同じことを何度繰り返していてもいつまでも飽きない。常に進化したいって日々反省して、改善を続けている。

結果とプロセスはどっちが大切か？

永遠のテーマのひとつである「結果とプロセスはどっちが大切なのか？」の議論に僕なりの結論を出してみたい。まあ、どちらも大切なのは間違いないのだが、結論を言うとプロセスのほうが大切だ。

でもこれは正確には間違っていて、正解は、「結果が出るまでのプロセス」となる。おいおい、いいとこ取りかよ！っていう声も聞こえてくるが、これが正解だから仕方ない。プロセスには2通りがある。結果が出るまでのプロセスと、失

敗のまま終わるプロセス。このふたつと「結果」を大切な順から並べると、

1. 結果が出るまでのプロセス
2. 結果
3. 失敗のまま終わるプロセス

となる。かのエジソンは「失敗は成功の母」という名言を残した。失敗は確かに重要。これは正しい。失敗も〝上手くいかなかった〟という結果を得られるし、何もしないよりは何万倍も素晴らしいのだが、これって結局は発明に成功した人の名言なのだ。

「どんな失敗も成功するまでやれば成功となる」、これは経営の神様といわれる松下電器の創業者である松下幸之助さんの名言。これも〝失敗を恐れるな！〟という教訓だが、やっぱり同じく成功するまでやった人の言葉なのだ。失敗のまま終わった人の言葉は決して名言にはならない。

もちろん、どんなに努力しても上手くいかないことも世の中多い。失敗から学ぶこともたくさんあるし、上手くいかないからといって、頑張ったことが決して無意味なわけではない。でも、結果が出るまでやり続けないと、結局は何が原因でダメだったかはっきりわからない。頑張っていると思っているのは実は自分だけで、実際はそんなに努力してなかったのかもしれない。失敗の検証が甘く、同じような間違いばかりを繰り返しているのかもしれない。

プロセス自体を結果そのものよりも大切なものにするためには、結果を出すまでやりきることがやっぱり大切。結果が出るまでやりきったプロセスは、ノウハウとなり、自信になり、信頼になり、様々なことが上手くいく土台となってくれる。

時にスパッと諦める大切さもあるが、基本はどんなことでもとことんやり抜くこと。どんなに時間がかかろうとも、遠回りしようともやっぱり、結果が出るまでやり抜くことが大事。

「素直な人」って結局どんな人？

ビジネスにおいて、成長するための条件として、皆が必ず挙げる要素が「素直な人」。ここまで皆が口を酸っぱくして素直が大切って言っているということは、それだけ、素直な人が少ないという裏返しだったりする。僕から見てみても、ホント素直な人ってびっくりするほど少ない。

では、ビジネスにおける「素直な人」ってどんな人なのだろう？　辞書で素直という字を調べてみると、真っ直ぐである、ひねくれてない、従順である、癖がない、などの意味が並ぶ。仕事で成長する人と置き換えるとわかるようなわからないような……。

仕事における成長する「素直な人」の定義とは、他人のアドバイスをまずはすぐ実行し、その結果をフィードバックする人。僕も社内外から様々なアドバイスを求められる機会がたくさんある。自分なりに過去の体験からできる限りいいと思ったことを一生懸命アドバイスする。アドバイスするのだが……ほとんどの人は、アドバイスした内容を実行しない。もしくは、フィードバックがないから実行したかわからない。

もちろん、全部が全部、アドバイスがその人の役に立つかどうかはわからないし、逆効果になることもあるかもしれない。しかし、しかしだ。こちらは精一杯アドバイスしたのだから、やらなかったからといってふざけるなとまでは思わないが、何かひとつくらいは試してみてほしいもの。そしてやってみたら、結果や感想も教えてもらいたいもの。

普段アドバイスをする側の僕自身も、まだまだ経験不足だし、実力不足なので、今でも自分の先を行っている方や、リスペクトしている人たちにたくさんアドバイスをもらうようにしている。そして、よほどの事情がない場合を除き、アドバイスしていただいたことはすべて取り組むことにしている。そして、やってみた結果を必ずご本人にフィードバックして、またその後も継続するかも相談する。やらない場合はなぜやらなかったのかを報告している。

時に、え、それは自分には合わない、できない、まだ早い、と思うアドバイスもあるが、いいか悪いかはとにかくやってから判断するようにしている。すると大体が、やってよかった！　もっと早くにやっておけばよかったと思うことが多い。やってみてはじめてわかることも本当に多い。合うか合わないか、できるできないを考えていたら、やっぱり新しいことは面倒なこと、大変なことが多いので、知らず知らずのうちに、「やらない理由」をたくさん並びたてて、結局やらないもの。

まずは、やってみる。そして、やったことをフィードバックする。

このことを習慣づけるだけで、だいぶ仕事の成果や、プライベートに関してもよい方向へ進むことが増える。いくつになっても、どんな立場になっても、素直な気持ちを忘れず、様々な教えに対してまずは実行していこう。

何もかも手にしたら、何がほしい？

僕は人一倍欲張りなので、お金で手に入るものも、お金で手に入らないものも両方ほしい。わがままの極みだ（笑）。僕らがなんのために一生懸命働いているかといえば、幸せになりたいからで、幸せを少し噛み砕いてキーワード化すると、「お金」「自由」「やりがい」「健康」「愛」みたいなものがほしいのだと思う。

もし仮に、有り余るほどのお金を手にし、物質的にも、精神的にも自由を手に入れることができたら、何をするのだろう？　さらに何がほしくなるのだろうと考えることがある。プール付きの豪華な別荘でのんびり過ごす。世界中の美食をプライベートジェットで食べまわる。有名人やスーパースターたちとパーティー三昧《ざんまい》。そんな安易な妄想しか出てこないが、どれもこれも……

すぐに飽きそう。

親しくさせていただいているある先輩経営者が、会社を売却されて数十億を手にされた。仕事をリタイアされ、子どもの頃から夢に描いたことを実行した。船を7艘購入し、南の島で仲間たちと大好きな釣り三昧の毎日。はじめはもの凄く楽しかったそうだ。でも……

すぐに飽きてしまった。

現在は、新たなビジネスを立ち上げられ、投資家としても活動をはじめ、リタイア前よりも遥かに忙しく、またストイックにビジネスに打ち込んでいらっしゃる。簡単な話、元の世界に逆戻りしたのだ。むしろ、さらに忙しい日々を自ら選び生活している。どんなに成功しても、お金も自由も手に入れても、結局はストレスがまったくない環境や、ストイックでない生活って張りや刺激がなくなってしまうようだ。

僕ももし仕事をリタイアしてはじめはのんびりしても、おそらくはそのうち退屈になって、ストイックに身体を鍛えたり、何かの勉強を一生懸命したり、きっとまたビジネスに身を投じて一生懸命に働く気がする。もしかしたら、政治や教育にフィールドが変わるかもしれないが、でも何かにヒーヒー言いながらストイックに打ち込んでいる気がするのだ。

じゃ、今、こうして仕事を頑張っていて、はたして何を手に入れたいのだろう。思うに、今やりたい仕事をやっていて、健康で、毎日ヒーヒー言いながらも、仲間たちと喜怒哀楽している現在の環境って、大変なことも多いのだが、もの凄く幸せなのだなと。手に入れたいものって、もしかしたら手にしているのかもしれない。すでに手にしているから、当たり前すぎて気づかないのだろう。

でも、南の島で豪華な別荘に暮らし、プライベートジェットで世界中の美味いものを食べ歩き、毎日パーティー三昧もやっぱり一度はしてみたい（笑）。

未来の8割が決まる大事なルール

未来にもっとも影響が出てしまうルールについて。過去3か月、悩みの相談を誰にしましたか？　この誰に相談したかが、かなり重大なのだ。よりよい未来に導いてくれるアドバイスもあれば、もっと悩みを深くしてしまうアドバイスもある。相談と称して、愚痴るだけでスッキリして終わるケースもある。

悪口ばかりなネガティブな人。尊敬できないイケてない上司。やさしく聞いてくれて同調だけしてくれる友人。実力もキャリアも同じような同期。こういった身近な人に相談していても、未来は簡単には開けてはいかない。相談者としてもっとも適している人は、あなたが、3年後、5年後こういう人になりたい！

と心の底から憧れ、尊敬できるメンターともいえる存在が一番適当。雲の上過ぎる人はアドバイスが達観し過ぎている場合が多いし、そもそもそんな人に会うことすらも難しい。背伸びしたその少し先ぐらいの目標となる人が丁度いい。

ポイントは、身近に憧れ、尊敬できる人がいるのか？　いても、その人に気軽に相談に乗ってもらえる関係なのか？　このふたつに関してノーであれば、相当な努力してでもやる必要がある。まずはメンターとなるべき人を探す努力。そして、その人との関係値をつくる努力。意識的な努力をせずに、ただひたすら運に任せてもどうにもならない。魅力的な人に時間を割いてもらうということは、自分にもそれなりの魅力がなければ叶《かな》わない。

素晴らしいメンターが身近にいるかどうかは、未来に多大な影響を与えるので、かなり危機感を持ってすぐにでも取り組むべきだ。

私見だが、コーチングやコンサルの方々は職業として悩み相談を行っているので、あまりオススメはしない。あくまで無償で、損得抜きで相談に乗ってくれる人がいい。どうすればよいかは、まずは、現在自分の相談できる範囲で一番尊敬している人に相談してみよう（笑）。

経営者が口を揃えるほしい人材とは？

あらゆる経営者が口を揃えるいい人材の条件について。経営者のタイプや業種、また、会社のフェーズによって様々な要素があるのだが、すべてに共通しているベースの条件というものがある。まあ、シンプルで当たり前といえば当たり前なのだが、

〝心身ともにタフであること〟

やっぱりここが基本。そんなの当たり前だろってことなのだが、案外両方を兼ね備えている人って少なかったりする。もちろん、遅くまで残業してほしい、休みなく働いてほしい、人が嫌がる業務もこなしてほしい、無茶な出張や転勤も受け入れてほしいといったブラックな要望をしたいわけじゃない。そういった無理をしてもらいたいわけじゃないのだが、タフな人って、やっぱり安心感というか信頼感がある。車なんかもそう。２８０キロ楽に走れるエンジンって実際は必要ないが、そういう性能やスペックがあるからこそ、通常の60キロの安定感が抜群に違う。高速の１００キロの安全性が格段に変わってくる。

でもこの心身ともにタフであるということの落とし穴は、無理し過ぎる人かもしれないということ。真面目《まじめ》な頑張り屋さんに多いのだが、断らずに無理して頑張ってしまい、自分の限界を超えてしまう。そしてある時、ガクッとメンタルや体調を崩してしまう。残念ながら、これはやっぱりダメなのだ。頑張ってくれるのは凄くありがたいけど、大きな穴を空けてしまうことやそのことへの不安感はマイナスになってしまう。

タフであることの条件は、まずは自分の限界をちゃんと知っていること。メンタルや体調を崩してしまう可能性をあらかじめ予測し、コントロールできること。自分の限界やまたリカバリーの方法を知っている人は、その範囲でしっかりと全力を出すことができて、その継続できる姿勢が安心感や信頼感に繋がる。

予防としては、メンタル部分でいうと、職場やプライベートの人間関係を良好にしておくこと。ストレスの一番大きなものが人間関係だから、これは何より大事。また、仕事でちゃんと成果を出しておくことも大切。仕事も上手くいってないとこれまた大きなストレスになる。また、優秀かつ尊敬できるメンターが身近にいること。これも重要。

旅行や趣味で一時的にリフレッシュすることも大切だが、個人的には本質的でないと思う。人間関係や仕事が上手くいってなくて、瞬間的に気分転換しても、根本が改善されてないとまた、同じストレスがたまってしまって、結局は問題解決にはならない。

体調については日々の積み重ねしかない。一に睡眠、二に栄養、三に適度な運動といったところだろうか。また、ストレスと体調はもの凄く密接なので、前述のようにストレスの予防も体調管理の大きなウエートを占める。

僕の周りを見渡してみると、仕事ができる人ほど、とにかく、心身ともにタフ。僕もわりかしタフなほうだが、とてもとても足元にもおよばない。そういう人たちと日々接していると、いい意味で自分はまだまだなと反省させられる。日々しっかりと心身の鍛錬をしたいものだ。

継続できれば理由はなんだっていい

人生でも仕事でも上手くいかせるためには、努力が必ず必要。運も出会いも勝利の女神も努力している人に訪れるもの。しかしながら、努力だけではダメ。努力は継続して、はじめて価値を生む。努力の継続は長く続けることに越したことはない。努力の継続と人生の幸運は明確に比例する。

けれども、僕自身はじめ多くの人は努力の継続が苦手だ。飽きることも多い。挫けることも多い。怠けることも多い。諦めることも多い。努力を継続できない理由は人によってまちまち。よって、対策も、理想的な環境も、人によって異なる。しかし、逆説的に言えば、努力が継続できればなんだっていい。

好きなことを仕事にできても、できてなくても、
やりがいを感じていても、感じていなくても、
人間関係が上手くいっていても、いってなくても、
上司の立場であっても、部下の立場であっても、
日本で働いていても、海外で働いていても、
お金がたくさん稼げていても、稼げてなくても、
夢や将来やりたいことがあっても、なくても、
自分らしくあっても、自分らしくなくても、

結局は、努力を継続さえできればなんだっていい。

僕はわりかしなんでも器用にこなせるぶん、簡単に上手くいくことや楽なことはすぐに飽きてしまう。また、ガチガチにハマったルールのなかでは息がつまる。また、能力や実力があっても、人間として気持ちのよくない人とは長く一緒には働けない。

僕は高校が好きではなかった。東大を目指す超進学校だったので、真面目な先生や生徒ばかりで気が合わなかった。男子校だったので女子もいない。詰め込みや暗記が多い試験勉強にどうにも興味が持てなかった。高校という環境では、僕の未熟な意志力では努力の継続ができなかった。

自分なりに意義を感じられないことはどうにも続かない。憧れ尊敬できる人の指示でないとすんなり受け入れられない。そんなわがままな僕が努力を継続しやすい環境をつくりたくて、起業の道を選んだ。自分たちが意義を感じられる商品やサービス、自分らしくいられる職場や気が合い尊敬できる仲間。簡単には上手くいかないことを自ら選び、その高い山に挑戦できる環境。わがままだと言われようが、変わっているねと言われようが、自分の価値観で、努力を継続できる選択肢を選び続けてきた。

その結果、起業家としては努力を継続することができた。お客様に喜ばれるほど、自分らしくいられるほど、難しいことにトライするほど、視野や世界は広がり、年々仕事は面白くなっていくばかり。

でも、これはあくまでも僕のケース。理想の頑張りが続く環境は人それぞれだが、努力はどんな時も裏切らない。会社で働くひとりひとりが努力を継続し、人生が好転する環境づくりをこれからも追求していきたい。

理想の人に追いつき、追い越す方法

「あの人に追いつきたい」「あの人を追い越したい」。そんな場合にどうしたらいいかという話。そのような目標となる人が近くにいたらもの凄くラッキーだ。

そうしたらめちゃくちゃ簡単。その人に、「どうやったらあなたを追い越せますか？」と聞いてしまえばいい。

ほとんどの場合は直接本人に聞かない。遠慮しているのか、聞いちゃダメだと思っているのかはわからないが、まあ聞かない。聞いてみれば、よほど関係が悪くない場合を除いて教えてくれるもの。できる人ほど、部下に自分を超えてもらいたいと思っている。部下に抜かされないように押さえつけたりする上司は、大した実力のない奴だ。

尊敬できる人に追いつける方法を一気に10個くらい聞いてしまおう。できればさらに突っ込んで、具体的なトレーニングメニューやスケジュールまで一緒に考えてもらおう。そして、2週間に1度そのスケジュールどおりにできているのかチェックしてもらおう。目標が難し過ぎたら、そのつど目標やスケジュールをまた相談して再設定すればいいだけの話。

あの人に追いつきたい、超えたいと思っている人に直接聞いて、また一緒に考えてもらうことがやっぱり達成への一番の近道。関係値が悪くもないのに、もしその人が丁寧に教えてくれないような器の小さな人だったら、その人を目標にするのをやめよう。そんな心の狭い奴は目標に値しない人だ。

僕自身も身の回りの尊敬できる素敵な人たちに、いつもずけずけと質問ばかりしている。皆さんめちゃくちゃ忙しいのにかかわらず、気前よくなんでも教えてくれる。もちろん、その人たちとの関係値づくりは日々意識して行っているし、アドバイスしてもらったことはすべてフィードバックを欠かさずに行っている。都合のいい時ばかりすり寄ってアドバイスしてくれって頼んでもそんなの面倒で嫌がられるし、やったことをフィードバックしないのもアドバイスしがいがないもの。関係値づくりとフィードバックはもちろん基本だ。

僕自身が人様の目標に値する人かはわからないが、僕を超えたい！という奇特な人がいたとしたら、聞いてもらえれば可能な限りなんなりと答えるし、一緒に丁寧に考えます。僕を超えるのは実に簡単ですが（笑）。

自分の代わりなんていくらでもいる

ネットの記事でたまたま見つけた気になるフレーズがあった。人気タレント坂上忍さんの著書のタイトル。『おまえの代わりなんていくらだっている』（新潮新書）。競争の激しい芸能界やスポーツの世界はいつだって椅子取りゲーム。少々過激なフレーズだけれども、これはすべての業界、すべてのビジネスパーソンにおいて重要な考え方だと思う。

自分がいくら凄いと思っていたって、どんなにスキルや経験があったって、どんなに自分にしかできないオリジナリティーがあると思ったって、所詮は代わりなんていくらでもいるものだ。結局は、自分という存在がいなくても、一時的には影響は出るかもしれないが、悲しいかな組織はなんとかなる。

総理大臣が変わったって、大統領が変わったって国はなんとでもなる。スティーブ・ジョブズほどのカリスマ中のカリスマが亡くなっても、輝きが少し鈍ったとはいえ、アップルはいまだに世界ナンバーワン企業であり続けている。どんなに偉い存在になろうが、周囲からもてはやされそうが、あなたの代わりなんていないって皆から言われようが、結局はいなくてもなんとかなってしまう。

「自分の代わりなんていくらでもいる」と肝に銘じ、謙虚に研鑽《けんさん》を積み、常に実力と魅力を磨き続けることが必要だ。俺がいなけりゃこの会社はダメになるなんて、少し悲しいけどあり得ない。そういう自覚や覚悟を持って、自分の存在意義を高い意識と強い危機感をもって高め続けていかなきゃいけない。

結局メリットのあることしか続かない

メリットと行動について。結論から言うと、人はもっとメリットを意識し、メリットを明確にして、メリットを選び行動すべきだと思う。

あいつは損得だけで判断する人間だ。
あいつはメリットがないと動かない。
メリットだけで物事を判断するな。
利己主義より、利他主義。
まずは与えよ、与える人間になれ。

世の中、メリット重視の言動って批判のまとになりやすい。反面、ボランティアや利他主義って凄く聞こえはいい。確かにいいことだとは思う。でも自分にメリットがないことって、メリットがはっきりしないことって、はじめはよくても結局は続かない。そして継続できないことって、無責任だし、上手くもいかない。

タチが一番悪いのが、自分は見返りを求めないって言っているくせに、結局最後は見返りを求めてくる奴。あなたがよければそれでいいって言っているくせに、自分の都合が悪いと動いてくれない。ボランティアだから、無償奉仕だから、これくらいでいいでしょでは、やっぱり無責任だ。

人のためにやるのは、人が喜ぶと満たされて自己満足するから。まず与えるのは、いつか見返りがほしいから。苦しくてもやるのは、苦しい先に成長やご褒美があるから。ちゃんとメリットが明確で、自己犠牲以上の価値が手にできるなら、人は責任をもって取り組み、長く継続ができる。

自己犠牲∨メリット　続かない

自己犠牲∧メリット　続けられる

世のため、人のため。すなわちそれは自分のため。自分の取り組みによって、人が喜び、世界がよりよくなるなんて、究極で超贅沢な自己満足だ。僕自身ももっともっと他人や社会にメリットを感じてもらえるような価値ある人間になりたい。そしたら僕の人生もきっともっとよりよいものになるはずだ。

若い頃の動機は崇高じゃなくていい

頑張る動機について考えてみる。よく、世のため人のためにとか、新たな価値をつくって、世の中を変えたいとか、聞こえのいい動機ってある。でもはじめからそんなに崇高である必要ってないと思う。なんなら、人に言いにくいような、幼稚で身勝手な理由だっていい。

若いうちはお金がほしい、モテたい、見返したい、カッコつけたい、それで全然構わない。大きな夢や理想がなくたっていい。僕も20代の頃の頑張っていた理由って、凄く安易で身勝手な動機だった。今のクソ辛《つら》い環境から抜け出したい、この一点のみだった。

栃木の倒産寸前の実家の水道屋。冴えない毎日。希望のない未来。人生が追い詰められていく不安。何をすべきかもわからない苦悩。こんな生活から何がなんでも抜け出したい。一日も早く抜け出したい。当時はその一点だけで、がむしゃらにやっていた。でも、逃げ出すのではなく、今の辛い環境を後の伝説にするのだと、毎日自分に言い聞かせていた。辞める選択肢だけは、選ばないと決めていた。30代になりいつしか会社は全国展開を達成した。また、春水堂との出会いで、空前のタピオカブームを日本中に起こすこともできた。

40代になり地位や名誉やお金といった自分中心な動機よりも、世の中をもっともっと、ワクワク楽しく変えたいっていう想いが自然と強くなった。頑張る理由や動機って、自身の成長や環境の変化によって、どんどん変わっていくもの。はじめから崇高である必要なんてない。むしろはじめからきれいごとのような高い理想を掲げないほうがいい。マイナスな環境を打破するパワーは、きれいごとの

『なぜ、倒産寸前の水道屋がタピオカブームを仕掛け、アパレルでも売れたのか？』購入特典

お得な情報を無料でGET!!

LINE@

LINE@ で友達になると、限定クーポンをプレゼントさせて頂きます！ 365日洗濯機で洗え、しわになりにくく、着心地がいい機能性スーツ。ぜひお試しください。

①QR コード

[友だち追加] のQRコードから右記のQR コードを読み込み。

②ID 検索

[友だち追加] のID 検索から下記 IDを検索。

@workwearsuit

クーポン発行方法　メッセージで「WWS」と送信。
自動返信で「クーポン」を発行させて頂きます。

※使用には条件がございますので、必ずクーポン画面の詳細をご確認下さい。
※本特典は予告なく終了する可能性がございます。

株式会社オアシススタイルウェア　03-6365-0492
公式オンラインサイト https://www.workwearsuit.com/

『予算ゼロでも最高の人材が採れる まちがえない採用』

鶯海敬子 著

定価 本体1600円 ＋税

たった1人で1年半で68人採用！
1人当たりの採用コストは
驚きの4万円以下！

お金をかけ、効率化すればするほど
マッチングから遠ざかる！

多額の予算を垂れ流して「人材」を取り逃がしていませんか？

求人媒体に広告を出したり、紹介会社を使ったりと採用の現場には様々なツールが溢れています。しかし、SNS が急速に発達したことにより、優秀な人材は転職市場に出る前に、友人からの紹介や口コミ、直接応募などで転職が成立しつつあります。転職市場は、今、大きな変化の渦の中にあるのです！

本書では、御社にピッタリの最高の人材を採用できるようになるだけでなく、採用活動を通じて、会社のよさを社外に伝え、自社のブランディングを強化し、事業の促進にもつなげていく方法をご紹介します。

採用力は企業の生命力そのもの！採用モンスターこと鶯海敬子氏と一緒に、御社の採用力をアップして、将来の予測が困難な VUCA 時代を一緒に乗り越えていきましょう！

FREE!

『なぜ、倒産寸前の水道屋がタピオカブームを仕掛け、アパレルでも売れたのか？』

読者無料プレゼント

令和のヒットメーカー ×破天荒フェニックス

スペシャル対談動画

本書の著者・関谷有三氏と、著書『破天荒フェニックス』（幻冬社文庫）がベストセラー、のちにドラマ化されたOWNDAYS（オンデーズ）グループCEO田中修治氏の撮り下ろしスペシャル対談動画を特別に公開！　同い年で、倒産寸前の水道屋と巨額の債務を抱えた会社の立て直しという似た境遇、現在は世界を舞台に活躍する親友２人のマル秘トークです！

田中修治氏

関谷有三氏

この無料プレゼントを入手するには
コチラへアクセスしてください

http://frstp.jp/oasys

※特典は、WEB上で公開するものであり、冊子やDVDなどをお送りするものではありません。

※上記無料プレゼントのご提供は予告なく終了となる場合がございます。あらかじめご了承ください。

フォレスト出版

FREE!

『なぜ、倒産寸前の水道屋がタピオカブームを仕掛け、アパレルでも売れたのか？』

読者無料プレゼント

令和のヒットメーカー ×破天荒フェニックス

スペシャル対談動画

本書の著者・関谷有三氏と、著書『破天荒フェニックス』（幻冬社文庫）がベストセラー、のちにドラマ化されたOWNDAYS（オンデーズ）グループCEO田中修治氏の撮り下ろしスペシャル対談動画を特別に公開！　同い年で、倒産寸前の水道屋と巨額の債務を抱えた会社の立て直しという似た境遇、現在は世界を舞台に活躍する親友２人のマル秘トークです！

田中修治氏

関谷有三氏

この無料プレゼントを入手するには
コチラへアクセスしてください

http://frstp.jp/oasys

※特典は、WEB上で公開するものであり、冊子やDVDなどをお送りするものではありません。
※上記無料プレゼントのご提供は予告なく終了となる場合がございます。あらかじめご了承ください。

フォレスト出版

ような理想論より、欲望むき出しのハングリーなほうが、時に役に立つ場面が多かったりもする。

打破した後もいつまでも自己中心的な欲望のままでは、これもまた問題だが、まあ、普通は次第に変わっていくもの。僕もまだまだ俗っぽい欲望ももちろんたくさんある。いや、ロマンが大きくなった分、ソロバンもその分大きくなったかな（笑）。

毎年入社式で話す若者への説教臭い話

社会人の価値は、「魅力×実力」の掛け算で決まる。入社式で毎年話す話なのだが、ビジネスパーソンである前に、新人はまずは人としての基礎的な魅力を意識して高める必要がある。人の魅力の基礎は4つの要素でできている。

「笑顔・挨拶・感謝・元気」

こういった人間としてのベースって何をするのも本当に重要だ。新卒の当面の目標は、誰もが当たり前にできるこの4つの魅力を当たり前でないレベルに磨くこと。ダントツに秀でた、気持ちのいい笑顔、気持ちのよい挨拶、気持ちを込めた感謝、そして、いつでも明るく元気。

凄く簡単そうで、誰でもできそうで、実際にやろうと思えば誰でもできるけど、ちゃんとできている人って、あまりいない。長く継続できている人はほとんどいない。新卒社員の研修で何度も言うのだが、まずは凡事をしっかりと徹底すること。それを継続していくこと。そして、お客様や周囲の期待をちょっとずつでもいいので超えていくこと。そうして得られる信頼を少しずつ少しずつ重ねていけば、いつの日か、自分自身を、未来を信じられる揺るぎない自信を得ることができる。

そして、いつの日か現れる心の底から熱く湧き上がる、これをやりたいという想いに、「信頼」と「自信」を武器に、勇気をもって飛び込んでいこう。努力を続けていれば、チャンスは誰にでも必ずやってくる。まずは、仲間とともにたくさんの壁を乗り越えて、信頼と自信の貯金を貯めていこう。

「努力は夢中に勝てない」は本当か？

「努力は夢中に勝てない」。この言葉は正しい。夢中になれることほど、人は集中し、頑張りが続く。ユーチューバーやプロ野球選手なんかが代表例だろうか。

我慢が必要な努力は辛く、なかなか継続が難しい。けれど、どうだろう？　夢中になれるほど好きなことを皆仕事にできるだろうか？　マネタイズできるだろうか？　いや、お金になるうんぬんの前に、そもそもそんなに夢中になることを見つけられるのか、見つけても冷めないのか？って問題も大きい。

お金を稼ぐとなると、どんなに好きなことでも壁にバンバンぶち当たるし、ずっと夢中でいられるとは限らない。むしろ辛いかもしれない。ユーチューバーだって今後10年続くかわからないし、プロ野球選手も引退したら、したくないことでも頑張らなきゃいけない。

「今の仕事はつまらない」「好きなことを仕事にしたい」「成長できる環境ではない」。環境や、やる仕事の内容は確かに重要なのだけど、そういう不満癖のある人は、いつも隣の芝生が青く見えたり、青い鳥を永遠に探すハメになる。

僕は20代に決めていたことがあった。何をやるのか、どんな環境だったら成長するのかなんてことは一旦考えない。まずは縁のある仕事や環境で、周りが驚くほどの結果や自分自身に自信が持てるまで辞めずにやり抜く。この体験ができたことは、僕のその後の人生を、ガラリと変えてくれた。今は好きな仲間と好きな仕事をし、物心ともに満たされた毎日を送ることができている。「令和のヒットメーカー」って呼ばれたりもする（笑）。

それは、好きでないことでも、どんな環境だったとしても、10年以上やり抜けたからこそ、好きなことでの困難なんてなんなく乗り越えられるようになった。なんか、説教みたいな話だけど凄く大切なこと。結果的に成功の近道になった。夢中になれることを見つけても、好きなことを仕事にできても、結果を出し続けるためには、愚直な努力がやっぱり必要。好きなことでも辛いことって一杯ある。

〝どんなことでも努力できる奴が、夢中になれることを見つけたら、勝つ〞

隣の芝生がいつも青く見える奴、青い鳥をついつい探しちゃう奴は、堂々巡りのループになってしまう。他人や環境のせいにしなければ、結果近道になり、いつでもブレない自信を手に入れることができる。僕もこういうことに気づいたのは、40を過ぎたくらいになってから。結局は親父《おやじ》の小言なんだよなぁ。仕事の真理ってなんとなくわかってきたつもりだけど、それってわかった分だけ、おっさんになった証《あかし》なわけだ。

どうやら若者には響かなそうだ（笑）。

人生をもっと自由に楽しく生きたい

「自由と責任」っていう話は、ありきたりなテーマなのだけど、僕の働く信念だったりするので、改めてちゃんと書いておこうと思う。人生は自由である、と同時に、とても不自由でもある。

大体の人生の悩みって、時間とお金と他人に関することがほとんどだ。その解決策って、言葉にすると簡単なのだが、「責任を果たして、信頼を得る」というひと言に尽きる。野球でいうところの、「４番の責任」。サッカーでいうところの「10番の責任」。責任を果たすと、信頼が生まれ、その信頼がお金や称賛に変わる。金銭的に満たされることは、時間や選択の余裕に繋がり、揺るがない自信や信頼は、他人の目からの解放に繋がる。責任を果たさずして自由でいたい、満たされたい、というのはかなり難しい。

僕は自由でいたいと思っている。一度の人生楽しく自由でいたい。他人にとやかく言われたくないし、時間やお金に振り回されたくない。だからこそ、結果にとことんこだわり、社会人として、経営者としての責任を果たすことにこだわっている。口だけ偉そうに言ってても、どれだけ人を羨んだり、時に足を引っ張り、蔑《さげす》んでも、やるべきことができてなければ、誰も何も与えてはくれない。

僕自身、自他ともにわりかし自由人だと思うし、割と好きに生きているほうだが、まだまだ不自由なことも多い。いまだに他人の目も気になるし、お金で手に入るものも、お金では手に入らないものも、たくさんほしいものだらけだ。もっともっと頑張って、結果にこだわり、責任や信頼を高めて、さらなる自由を手にしたい。

ORじゃなくてANDでいいじゃん

自分らしくあり続けることと、社会人として自分を曲げることについて。30歳すぎくらいまでの僕は、両立は無理だと完全に諦めていた。自称一流コンサルタントという方に、仕事は遊びではない、もっと真面目になれ、私語を慎め、社長は社員と一線を画せ、経営者としての自覚と責任感をもっと持たなければ失格だ……何百回も言われ、いつしか真に受け、自分らしさってなんだったのかすらもわからなくなっていた。考えることすらも放棄していた。売り上げも利益も倍々で伸びていたので、それが正解なんだと無理やり納得もしていた。

ある日の朝、心のなかで何かがポキッと折れた。会社に行きたくない自分がいた。自分でつくった会社なはずなのに、偽りの自分であり続けることに、心が完全に拒絶してしまったのだ。何もかも失ったとしても、自分らしくあることを選ぼうと決めた。

でも次の瞬間、そのことも間違いだと気づくことができた。なんで「ＯＲ」で考えなきゃいけないのか。自分らしくあることが、なんで、何かを失うことに繋がるのか。自分らしくあることと、会社を成長させることを「ＡＮＤ」で実現しようと心に決めた。自分らしさも妥協せずに、圧倒的な結果も絶対に出す。でないと、自分らしくあることに堂々と誇りを持てない気がした。

そう決めてから10年が経つ。会社は急成長を遂げていた。苦しい時がなかったわけではないが、仲間が支えてくれた。毎日大笑いして、仕事に関係ないくだらない私語ばかりして、つまらないギャグで皆にひかれて、眠くなったらソファーで昼寝して、社内のキッチンでエアＤＪ対決したりしている。

それでも会社は成長できた。結果を出すことができた。ＡＮＤで目指したからできた。絶対に「自分らしさ」と「結果」をともに妥協しないって決めたからできた。ライフとワークのバランスなんて取らない。ライフもワークもどっちも満点にしちゃえばいいだけだ。

第4章

今の時代に求められる人材

——スキル編

仕事や経営において大切なのが、マインド、スキル、リーダーシップだ。マインドに続いてスキルについて考えていく。スキルを磨くことのメリットは一番手っ取り早く結果に繋げることができること。もちろんマインドがベースにないと付け焼き刃になって、効果は一時的になってしまうのだけど、マインドだけでなくてスキルも高まるとビジネスベレルが一気にぐんと上がる。

スキルの習得に大切なことがふたつあって、ひとつは真似ること。〝まなぶ〟の語源は〝まねる〟から来ているといわれている。真似をするのが圧倒的に早いし、間違いがない。節操なくパクってしまうのが正解だ。たまに、自己流にこだわるがあまりに真似を嫌う人がいるが、自己流にこだわっていいのは実力がある一定以上のレベルに達した人でないと意味がない。

水泳でいえば泳げない、スノボでいえば滑れもしない人が自己流とか言い出したら一向に前に進めない。料理でいえば、レシピを再現すらできない人が、目分量で味付けをやりはじめてしまったら、とても美味しく食べられる料理ができるわけがない。できる人のやり方や、行動パターンや考え方すらも徹底的に真似して真似しまくるのがなんといっても基本。自己流にこだわるなんて、まだまだ遥か先の先だ。

二つ目に大切なのはアウトプットをするということ。まずはやってみる。ちょっとぐらい腑に落ちてなかったとしてもやってみることが大切だ。実際にやることで腹落ちしたり、やってはじめて意味が理解できたりもする。そして、どうせやるならできるまでやる。最終的には無意識でできるようになるまでやる。無意識でできるようになってはじめてやり方を工夫してみたり、自分なりのこだわりをミックスしてもいい。

頭でわかった気になっても、やってみなければまったくのゼロと一緒。頭でっかちな分だけタチが悪いかもしれない。よくベストセラーのビジネス書を読んだだけで、なんかできた感じがしてしまって、なんでもいいからひとつでも実践してみる人って案外少ない。いや、かなり少ない。本を読みあさり山積みにするだけなら意味がない。まずはいいと思ったことは、とりあえずやってみるってことが重要だ。

ホウレンソウは自分のためになる

社会人の基礎中の基礎、ホウレンソウこと、報告・連絡・相談の重要性について。誰もが大切さを知っていて、誰もが入社後徹底的に指導されるものなのだが、できてない人、そのスピードが遅い人があまりにも多い。できていない大きな原因は、そのホウレンソウの基準と頻度を自分の物差しで決めてしまうから。

・この程度のことは報告すべきでないかな
・こんなにマメに連絡したらウザがられるかな

・なんでもかんでも相談したら怒られるかな

あるあるな話だが、これはすべて自分の推測でしかない。自分の推測は自分に都合のよい解釈がされている場合もあるし、自分の基準と相手の基準とイコールなわけがない。ここで大事なルールをふたつ。

ルールその１

・ホウレンソウの基準は自分でなく相手が決めるもの

ルールその２

・ホウレンソウはし過ぎて怒られることはめったにない

とにかく自分で基準を決めずに、まずはなんでもかんでもホウレンソウする。そして、頻度もこまめにホウレンソウする。その程度のことで報告はいらないと言われれば、その基準に合わせればいい。人によって基準は様々なので、その人ごとの基準を示してもらうことが必要。はじめはやり過ぎるほど、やるのがポイント。多少ウザがられるくらいが丁度いい。

それとホウレンソウのもうひとつの大事な効果は、自分の身を守れるっていうこと。ホウレンソウせずに自分の判断で行動してしまうと、その結果の責任は自分ひとりで背負うことになる。一方で、ホウレンソウすることで、結論や決断を上司に決めてもらえば、仮に失敗しても、責任を上司とシェアできる。

頼れる上司であれば、シェアどころかその責任すべてを上司が背負ってくれるはず。少なくとも、自分ひとりのせいになることはない。ホウレンソウをちゃんとすることは、仕事を円滑にすること、上司との信頼関係を構築することだけでなく、自分の身を守る防御策にもなる。上司は立てつつ、上手に使おう。

量が足りてないのか、質が悪いのか？

業務の成果が上がらない時にチェックする簡単な方法がある。量が足りてないのか、質が悪いのか。業務の成果は、ほぼ「量×質」で決まる。そして、成果が出てない人のケースは両方ダメな場合がほとんどだ。「量質転化」という言葉がある。これは、ある一定以上の量を積み重ねることで、質的な変化を起こす現象を指している。物事の質をよくしたかったら、量をこなすことが大事、という意味だ。

ただ、僕のオススメは反対の順序。量をこなすことは重要なものの、できない人が悪いやり方を延々とやっていても効率が悪いし、悪い癖がついてしまうと、なかなか直すことが難しい。まずは、正しいやり方を覚えて質を高めること。質を高める一番いい方法は、できる人のやり方を業務分解して、そのひとつずつを徹底的に真似すること。できる人が誰がわからなければ、社内外で圧倒的な成果を出している人、こういう人になりたいと尊敬している人を選ぶ。くれぐれもダメな上司をモデルにしてはダメ。できる人のやり方を真似して真似して真似しまくる。よく「TTP：テッテイテキにパクる」とか言うが、とことん、TTPしてほしい。

できる人＝質が高い人のやり方をある程度マスターしたら、今度はとことん量の追求だ。とにかく数をこなす。成果が出るまでひたすらに数をこなす。また、定期的に質が落ちてないかのチェックも大切。また、どれくらいやるのかという指標は、「KPI」があると目安になる。

KPIとは「キー（重要な）」となる数値の指標で、目標の達成に向かって適切に実行されているかどうかをプロセスごとに計測するためのものだ。このKPI

の指標も、やはりできる人に目安を教えてもらうといいと思う。はじめは、適正数の2倍をやることを目標として、成果が出るようになっていったら、徐々に減らして指標に近づけるようにしていく。

数をこなすうちに、さきほどの「量質転化」が起きて、劇的に質がさらに向上していく。そして、基礎がしっかりできるようになったら「自分流」というオリジナルな型を目指してまたサイクルを回す。成果が上がってない人は、量が足りてないのか、質が悪いのかチェックしてほしい。ダメダメな人はおそらく両方が足りてないので、先程の順番でともに高めていく。すると、成果がどんどん上がってくるし、結果が出ると楽しくなってくるし、はじめのうちは大変でもどんどん楽にもなっていく。

人の頭を上手く活用してしまえ

僕がよく新人に話す内容で、ちょっと乱暴な表現だが、

ない頭で考えるな。できる人の頭を貸してもらえ！

というものがある。一般的な教育とは真逆のようなことを教えている。通常は、ないなりに自分の頭でまずはよく考えてみろ、考える習慣をつくれ！という教えが一般的だと思う。このこと自体は凄く正しいし、思考能力を鍛えることは仕事においても超重要。

僕がなぜ反対の教育をしているかというと、わからないことをひとりで考えていても結局わからず、考えようとしても、自分でも気づかないうちに、実は頭がフリーズしていて、実質考えてないケースがほとんどだから。

なんでもかんでも「自分で考えろ！」ってよく言っている人って、すぐグーグルで検索するな！　安易に電卓を使用するな！　って言っているのとあまり変わらない。グーグルを使い倒したら、自分で情報収集する能力が培われない。電卓を使用する癖がついたら、計算能力が身につかない。今時そんなことを言っている人っていいない。

メリット・デメリットはあるかもしれないけど、メリットの大きいほうを採用してしまえばいい。自分の頭でわからないことで、よい知恵や答えを早く導き出せるのであれば、自分より優秀な人にすぐ聞いて、相談して、解決し、学んだほうがいい。すぐ聞く癖、すぐ聞ける人間関係づくり、また、そのことをアウトプットして学びを深めることも大切。

僕から見ると、ない頭で考えて、時間だけ非常にかかって、その上答えも出せず、その結果、行動すらできないケースがとても多い。思考能力をつけるのは、ある程度の成功体験を積んで、視野が広くなってからのほうが遥かに効率的だと経験上思う。

1日も早く、自分の頭で考えていい知恵が出せるように、まずは、できる人の頭を上手く活用してしまおう。もちろん、聞き方や、簡単なことでもなんでもかんでも聞いていたら、煙たがられるのでそこの注意は必要だが。

ボーリングのセンターピンを狙え

仕事術のとても大切なノウハウのひとつにセンターピン理論がある。これはボーリングのたとえで、真んなかのセンターピンを倒すと、きれいに後ろの９本が効率的に倒れるというもの。商談や物事を効率よく進めるためには、誰がセンターピン（キーマン）なのかを見極め、どうやったら倒せるのか（ファンにできるのか）が重要。多くの場合はセンターピンを見誤り、また誰かわかってもちゃんと倒せていないことが多い。

この理論は社外に対してだけじゃなくて、実は社内においても非常に大切だったりする。社内の誰を味方につけるのか、応援してもらうのかによってこれまた大きく成果は変わってくる。仕事は個人でやるより、チームで連携したほうが遥かに効率的で成果も大きいもの。

社内における絶対に押さえておいたほうがいいセンターピンは、社長だ。オーナー企業であればなおさら。その次は自分が所属している部門の役員などの部門長。押さえておくと、仕事のしやすさ、結果を出すスピードが変わる。ではどうやって押さえるのか？　漫画やドラマに出てくるような、ごますり手法は大きな間違い。見え見えのお世辞や媚《こび》売りは逆効果な場合が多い。

会社の理念や戦略にそって結果にこだわり、努力することはもちろんだが、大事なのは経営陣に向かって、しっかり自分の意見をまめに提案すること。お客様にとっていいこと、会社にとっていいことの提案は、経営陣にとってはいつだってウェルカムだ。

一番困るのは、直接何も提案してこないのに、陰で色々愚痴をぶつぶつ言って

郵便はがき

料金受取人払郵便

牛込局承認

2000

差出有効期限
令和4年5月
31日まで

162-8790

東京都新宿区揚場町2-18
白宝ビル5F

フォレスト出版株式会社
愛読者カード係

フリガナ お名前	年齢　　　歳 性別（ 男・女 ）
ご住所 〒 ☎ （　　） FAX （　　）	
ご職業	役職
ご勤務先または学校名	
Eメールアドレス メールによる新刊案内をお送り致します。ご希望されない場合は空欄のままで結構です。	

フォレスト出版の情報はhttp://www.forestpub.co.jpまで!

フォレスト出版　愛読者カード

ご購読ありがとうございます。今後の出版物の資料とさせていただきますので、下記の設問にお答えください。ご協力をお願い申し上げます。

●ご購入図書名　「　　　　　　　　　　　　　　　　」

●お買い上げ書店名「　　　　　　　　　　　　　」書店

●お買い求めの動機は?

1. 著者が好きだから
2. タイトルが気に入って
3. 装丁がよかったから
4. 人にすすめられて
5. 新聞・雑誌の広告で(掲載誌誌名　　　　　　　　)
6. その他(　　　　　　　　　　　　　　　　)

●ご購読されている新聞・雑誌・Webサイトは?

(　　　　　　　　　　　　　　　　　　　　)

●よく利用するSNSは?(複数回答可)

☐ Facebook　☐ Twitter　☐ LINE　☐ その他(　　　　　　)

●お読みになりたい著者、テーマ等を具体的にお聞かせください。

(　　　　　　　　　　　　　　　　　　　　)

●本書についてのご意見・ご感想をお聞かせください。

●ご意見・ご感想をWebサイト・広告等に掲載させていただいてもよろしいでしょうか?

☐ YES　☐ NO　☐ 匿名であればYES

いる人。お互いに気持ちよくないし、なんの解決にもならない。社長をやっている僕自身が、社長との関係値をよくしたほうがいい！なんて言うと変な誤解を生みそうだが、実際問題、皆も仕事がしやすくなるし、皆が色々な提案をしてくれることはお互いにとっても非常にプラスだ。

一体何が、誰がセンターピンで、そのピンをどうやったら倒すことができるのか？　このことを常に意識し、行動する習慣をつけると、どんなことでも劇的に仕事が効率的に、また、結果も劇的に変わる。ちなみに、僕は単細胞なので倒すのは簡単だ。

連絡や返信は早ければ早いほうがいい

社会人の絶対的なルール。即レスであればあるほどよい。仕事のできる人ほど、忙しいのにもかかわらずレスが早い人が多い。反対に仕事ができない人ほど、本当にレスが遅い人が多い。少なくとも、レスの早い人と、遅い人とどっちの人に大事な仕事を任せたいか、答えは決まっている。恋愛の駆け引きでは、一部例外があるかもしれないが（笑）。

それでは、できる限り即レスするためにはどうしたらいいか。電話は一見早い手段だけど、かける時間も気を使うし、不在だった場合は当然伝わらない。留守番電話も聞かれているかわからないし、折り返しをもらうのも気を使う。気を使ってしまうということは、知らず知らずのうちにレスが遅れることに繋がる。

では、メールはどうか？　好きな時に送れるし、相手も好きなタイミングで見てくれる。ただ、「大変お世話になっております。（本文）今後ともよろしくお願いいたします」と枕ことばと締めの挨拶まで、作成時間が結構取られる。するとレスをするのに時間がかかるので、やはり結果レスが遅れてしまう。また、最近はメルマガなどの広告メールが多く、埋もれて送信したメールを気づかれないケースも多い。迷惑メールにフォルダ分けされる場合もある。既読されたかどうかもわかりづらい。メールがちゃんと届いているか確認の電話をする手間なんて、まさに本末転倒だ。

連絡手段のオススメは、メッセンジャー、ＬＩＮＥ、ショートメールの3種の神器。メッセンジャーやＬＩＮＥを仕事に使いたくないという意見もあることは承知だが、仕事ができる人はガンガン仕事に活用している人がほとんど。僕自身も、できる限りメッセンジャーやＬＩＮＥでのやり取りをお願いしている。

これらはなんといっても、用件を好きなタイミングに、端的に伝えられるから、即レスできる。既読かどうかもすぐわかる。送信する時間もビジネスでＳＮＳを使っている人は、寝ている間は通知音をオフにしている人が多いので、神経質に送る時間もそこまで気にする必要もない（迷惑になりそうな人にはもちろん時間を選ぶが……）。

気軽にメッセンジャーやＬＩＮＥ交換できない場合は、ショートメールでの連絡許可を取るか、最悪、メールや電話でのレスを頑張って音速レベルにまで引き上げる。とにかくレスのスピードを意識して上げていくと、仕事の成果がガラリと変わっていく。タイム・イズ・マネー、すなわち、鬼即レス。

「崩し」は基本がしっかりできてから

仕事もプライベートも「崩し方」を習得できると、個性が出てどんなジャンルのものでもレベルがグッと上がる。この崩し方の唯一にして最大のポイントは、崩したものをいきなり真似しない、基本がしっかりできてから崩すこと。

わかりやすくたとえると、ピカソの絵。晩年の代表作は、一見すると子どもの落書きのような絵に見える。簡単にかけそうな気もしてしまう。しかし、このような絵を、素人が真似したらどうなるか？　ただの落書きにしかならない。広く知られた話だが、若かりし頃のピカソは超一流の写実画家だった。絵の基本がとにかくしっかりしているからこそ、大胆に「崩す」ことで絶妙なバランスになり、どんなに見ても飽きない味わいになり、唯一無二の個性となり、名画となるわけだ。

おしゃれなんかも一緒。おしゃれな人はやっぱり「崩し方」が上手。一見するとダサそうに見える組み合わせも、絶妙な外し方によって、型通りのおしゃれよりもレベルがグッと上がる。これをダサい人が真似してしまうと、余計にダサくなる。おしゃれな人って服装はシンプルに見えても、またあえて外していても、サイズがしっかり合っていたり、髪型とのバランスがよかったり、細部にこだわっていたりと、おしゃれの基本が押さえられている。手抜きファッションとは雲泥《うんでい》の差なのだ。子どもの落書きとピカソの絵との違いのように。

仕事でもそう。仕事ができる人は、いとも簡単そうに結果を出すし、そのやり方は案外シンプルに見える。できる人ほど、仕事って簡単だよって言うし。売れている営業マンなんかも、あまり喋らずシンプルで簡単なことしか言わなかったり、反対にほとんど雑談だったりする。それでも結果はしっかりと出ている。でも簡単そうだからといってこれをできない人が表面的に真似すると、まったく結果が出ないもの。多少上手くいっても続かない。それは基本がしっかりとできていないから。わずかな差の集合がどえらい差となってしまう。

ともかく自分をたくさん知ってもらえ

自分を知ってもらう取り組みってやっているようで皆やってない。人は何者かよくわからない人と、仕事をしたり、親しくしたいとはなかなか思えないもの。今の時代はネットがあり、SNSが充実していて、昔よりも遥かに手軽に自己発信できる一方で、情報コントロールを上手くやらないとリスクになり得る。

でも人生や仕事において、リスクを避ける癖ができると、やらない言い訳ばかり上手になり、現実に流される毎日が続き、気がつくとあっという間に歳をとってしまう。チャンスやラッキーなんて、道端に落っこちてはいない。リスクテイクして行動や挑戦するから出会えるもの。

僕はというと、会社のホームページにプロフィールがあり、定期的にブログで価値観を綴り、出来事や告知はフェイスブックにまめに投稿し、インスタグラムも強化している。もちろん、もっともっと発信している人は一杯いるし、内容なんかも改善の余地はたくさんあるけど、でき得る範囲では割とやっているほうだと思う。

自分を知ってもらえると、めちゃくちゃメリットがたくさんある。一番大きいのは、取り引きや採用でミスマッチがあまり起こらないこと。僕は恥ずかしい部分も含め、裏表なく発信しているので、僕の人柄や考えに合わない人のコンタクトがもの凄く減った。反対に、共感してくれる人がコンタクトしてきてくれるので、相性もよく早いやりとりができる。深く話さなくても、何度も会わなくても、僕の考えや活動を知ってもらえるので、ミスマッチと時間の無駄が減る。

僕は儲かるかどうかよりも、誰と働くかをもの凄く重視していて、相性や価値観の合う合わないを、何よりも大切にしている。基本的な価値観が合う前提での、ダイバーシティ経営を目指している。個性が炸裂しているインスタですが、ぜひフォローして笑ってください。

明日にでもすぐ上司を食事に誘え

上司とサシで食事に行くだけで、劇的に上司との距離は縮まり、格段にあなたの仕事の生産性はよくなる。上司と食事に行く、たったそれだけだ。上司は一番身近で仕事を教えてくれる先輩。また、あなたの一次評価をするのもその上司。あなたの職場の人間関係のもっとも大事なキーマンでもある。たとえその上司が仕事ができなかろうが、考え方が合わなかろうが、その大事なキーマンとコミュニケーションがちゃんと取れてないのは、毎日の仕事に多大なマイナスの影響を与えてしまう。

今はコロナ禍ではあるが、コミュニケーションを取るのはなんだかんだいって、一緒にご飯を食べるのが一番。昭和な考えだといわれようが、時代遅れといわれようが、ご飯を食べるのが一番人と人の距離を縮めてくれる。そして、上司とご飯を食べに行ったら、

①最低限、きちんと気を使うこと
②適切な質問をして、聞き役に徹すること

③いいリアクションで盛り上げること

こういう昭和な対応っていまだに結構大切。また、上司が忙しくてスケジュールが取れない場合もあるが、その時はどんなに先になってもいいので、スケジュールを決めてもらおう。また、部下におごるのが負担で一緒にご飯に行ってくれないケースもあるかもしれない。その際は、「割り勘でいきましょう」と誘う。なんなら、「安い店ですがたまにはご馳走させてください」と誘ってみる。ご飯代の元は絶対に取れる。

「〇〇さん、急ぎではありませんが、ざっくばらんに相談したい件がありまして、ご一緒にご飯食べながらとかいかがでしょうか？　今月はお忙しいと思いますので、来月中でのご予定はいかがでしょうか？　毎回ご負担をおかけしてしまうのも心苦しいので、今回は安いお店で割り勘にさせていただけると嬉しいです」

割り勘の提案が生意気に思われてしまうケースは、無理に割り勘を強調しなくてもいいとは思うが、多少なりとも自腹を切ると、有意義な時間にしようと意識も働くのでオススメ。明日にでも上司を食事に誘ってみよう。そして、最低でも3回はご飯に行ってみる。3回行くと劇的に距離が縮まるものだ。

無意識でやれるまで、意識してやる

「意識してやる」ことの重要性。魅力的で惹き付けられる人の特徴っていくつかある。

・笑顔が素敵である
・挨拶が気持ちよい

・感謝を伝えられる
・褒め上手、聞き上手
・いつも元気で明るい
・前向きでポジティブ
・気配り、気遣いができる

どれも一見すると簡単なことなのだけど、なかなかできないもの。人間の習慣を変えることはとても大変なこと。でも何かを変えなければ、毎日の生活をよりよく変えることはできない。ではどうしたらよいか？　はじめはぎこちなくても意識してやる。毎日意識してやり続ける。意識してやるということが重要だ。無理矢理でも、恥ずかしくても、ぎこちなくても、わざとらしくても、意識してやっているのがバレバレでも、意識して毎日継続してやってみる。では、いつまで意識して続けるべきなのか？

それは、「無意識でやれるようになるまで」。

一般的に習慣化するためには、最低でも2週間、平均すると1か月継続することが必要だと言われている。聞き上手になりたければ、意識して人の話を気持ちよく聞く態度を最低2週間は意識してやってみる。気持ちのよい挨拶をする習慣をつけたければ、ぎこちなくても明るく大きな声で挨拶することを2週間意識してやってみる。ポジティブな人になりたければ、意識してポジティブな発言を2週間続けて発言してみる。だんだん自然な感じでやれるようになり、次第に無意識でやれるようになっていく。

行動の変化によって、人間関係が目に見えてよくなったり、仕事が上手くいくようになるのには、大体2、3か月くらいはかかるもの。自分が変わっても結局何も変わらないなと諦めずに最低2か月はやってみよう。何かしら、よりよく変わっていくことが実感できるはずだ。

一日中スマホをいじっているのは悪か？

スマホやＬＩＮＥ、ＳＮＳをいじくりまわしていることや、24時間どこにいてもそういうツールで追いかけられることに対しての賛否についての私見を少々。
僕自身の仕事の多くは指示出しか確認業務なので、仕事の7割はスマホで完結する。デスクにいる時か会議かセミナー以外は、ほぼ社内ＳＮＳとＬＩＮＥだけで仕事をしていて、おのずと一日中、風呂のなかでもベットのなかでもスマホをいじっている。

これを仕事に追いかけられていると捉えるのか、便利になったと捉えるのか、様々な意見があるだろう。人と話している時もスマホをしょっちゅういじっているので時に注意されることもあるが、大量のタスクを同時進行するためには仕方がない側面もある。というかスマホ中毒とも言う（笑）。

スマホ中毒がいいのか悪いのか。僕はまったく悪いとは思わない。なぜか？

江戸時代、人は歩いて全国を移動していた。大変だった分足腰も鍛えられたし、道中様々な出会いや自然との触れ合いがあったはず。それが車や電車が誕生し、楽に早く行けるようになった。おそらくは当時は賛否があったと思う。事故やトラブルも当然起きる。でも、車や電車が生まれた時からあるのが当たり前の世代では、疑問すら起きないものだ。

テレビがない時代は今よりもっともっと家庭での会話やコミュニケーションがあったはず。テレビが普及した当時は、激しい議論や賛否もあったはず。だけど、テレビが生まれた時からある世代はやはり疑問にも思わない。ご飯を食べている時はテレビを見るな、くらいの議論はあるけれど。とはいえ、テレビがなければもっともっと会話しているはずだし、本ももっと読んだはず。でもテレビを見るのが一概に悪とはならない。なぜならテレビがあることが当たり前だから。

ネットやスマホ、LINE、SNSはまだ登場してからまもないツールだ。便利になった反面、失われたことへの批判や議論があるが、生まれた時からそういったツールが当たり前にあった世代が人口の大半を占めるようになれば、そんな疑問すら生まれなくなる。そのうち、ファミレスで、家族4人が全員スマホをいじっていて会話をしていなくても、なんら悲しい光景にも不思議な光景にもならなくなるはずだ。

僕らの上の世代はまだスマホがない時代の感覚や経験が長いから、なかった時と比べて議論が起こるが、スマホが当たり前にある世代では議論自体が生まれない。その感覚が大勢を占めるようになり、今後のマーケットの中心になっていく。早めに理解して、批判ではなくて順応していく必要がある。

部活の朝練ってはたして義務なのか？

中学の時の部活の話。スポーツが好きでも、そんなに得意でもない僕は、なんとなくカッコよさそうと、軽い動機でテニス部に入った。中学受験で国立中学に入った僕は学校が凄く遠かった。自転車で片道約1時間。中学生には割と酷な距離だった。通学だけでも大変なのに割と真面目に勉強もしていて、部活は二の次、三の次。成績は常に学年トップ争い、男子のなかでは大体一番だった。その上、口が達者で生意気だった。

事件は早々に起きた。テニス部の顧問に呼び出され、朝練に来るように注意を受けた。家が遠いので難しい、というかそもそも遊び半分でやっているので僕には朝練は不要です、と生意気に主張するものの、お前、何言っているのだと怒られた。ルールだからダメだという。いや校則に朝練必須とはない。単なるその部活の慣習だった。

嫌なら部活を辞めろという。なんじゃそりゃ、とカチンときた。朝練は本来、義務ではないし、部活を勉強以外の大事な、体力づくりや精神鍛錬を目的としているならば、そもそも授業でやるべきで、部活に求めるべきではない。本気で大会に出たい人もいる。僕みたいに軽いノリと動機で、ゆるく運動したい人もいる。部活の取り組み姿勢は個々で決めるべきだと反論した。実に面倒くさいガキだ（笑）。勉強が割とできたおかげか、先生方のなかでは一目置かれていたこともあり、最終的には、朝練は任意参加ということが、学校見解で正式に確認され、僕の主張が通る形となった。

ここまでは単なる昔話なものの、このエピソードの論点は、部活への取り組みの価値観を合わせることができていないことにある。目的の不一致だ。スポーツでもここが揃わないと勝つことなんて到底不可能だし、ビジネスだったら大変なことになる。陰でお互いの文句を言ってばかりだったりの残念な組織は世の中に実に多い。

なんのために働くの？　どれくらい成長したいの？　お金が大事？　休みが大事？　結果が優先？　楽しいのが優先？　こういう価値観のチューニングをしっかりとしておかないと、まとまらないし、チームで結果を出すことは難しい。

僕らの仕事の価値観は、ワクワク感と達成感をともに高いレベルで味わうこと。仕事はチームで楽しくしたい。基本は毎日が文化祭のようなノリ。でもやる以上は結果を出す。僕のチームは端から見ていると、賑やかで雑談も多く、時に遊んでいるかのように見える。とても仲もいい。でも単なるおふざけではなく、結果はしっかりとそれぞれ最大に求める。

何事にもチームでの活動は、目的を明示し、温度感と方向性を共有することが凄く大切。間違っていたとは今でも思いませんが、当時の部活の先生ごめんなさい（笑）。ビジネスはなんとかやれています。

成果を出せる人と出せない人の違い

成果を出せる人と出せない人の違いについて。まずは成果を出す方程式。

成果＝能力×集中力×継続時間

人間の脳は10％しか活用されていないという。能力の差はあれど、集中力の差とその継続時間で大体の成果は決まる。仕事がつまらない、体調が悪い、眠い、だるい、転職サイトをネットサーフィン、上司とギクシャク、家族や友人と喧嘩、借金で悩む……。

仕事に集中できない人の理由は人それぞれだが、集中できない状況が続くのはめちゃくちゃ問題だ。即頼れる上司や重要な問題だったら社長に相談する必要がある。能力も低い、かつ、集中も続かない。これでは成果が出るはずもない。できる人は、能力も高いのに、集中力も凄い。これでは差が広がる一方だ。

童話「ウサギとカメ」では、足の早いウサギは亀をバカにして、途中油断をして昼寝をしてしまう。そしてコツコツ歩き続ける亀に最後負けてしまう。ウサギは図に乗り油断してしまったわけだ。地道に続けることの大切さを説いた話だ。しかしだ、世の中の仕事ができる人の大体が「怠けないウサギ」。そして、その他多くの人は「怠ける亀」。

怠ける亀＜怠けるウサギ＜怠けない亀＜怠けないウサギ

怠けないウサギに亀は絶対に勝つことはできない。兎にも角にも仕事に集中できる環境づくりや、仕事を面白いと前向きに解釈しようとすることが大切。どのような状況、業務においても、視点や捉え方を変えることで面白いと思えるようになるものだ。面白いと思えれば、集中力はグッと増す。「怠ける亀」にチャンスや幸運など決して巡ってはこない。

サービスにおける一番大切な要素

僕は飲食店にとって一番大切なのは、サービスだと思っている。もちろん、味が美味しい、店内が清潔であるのは、当たり前の話。そこがダメなら、そもそも飲食店失格だ。でも、少しぐらい美味しい、お店がきれいという理由で、積極的にそのお店に行きたいという理由にはならない。

いいお店の定義とは、積極的にもう一度行きたいと思えるお店なのだと思う。飲食店における大事な機能って、食品の提供、空間の提供、そして、一番特別な価値は、繋がりの提供だと思う。コロナ禍にあって、人との直接的な繋がりは、なかなか難しくなった。テイクアウトや宅配の需要が高まった。でも、やっぱり味気ないものだ。

感じのいい店員さんとの何気ない会話のひと言が、楽しみだったりするわけだ。顔や名前を覚えていてくれて、「いつもありがとうございます。またぜひ来てくださいね！」と言われれば、もう一度行きたいなって自然に思うもの。

10年くらい前、オフィスの最寄りのコンビニに凄い店員さんがいた。60歳くらいのアルバイトの女性なのだが、どんな時も元気で爽やかで、感じがいい。それだけでなく、ほぼすべてのお客さんを覚えていて、全員に違った気の利いたひと言をかけてくれるのだ。

「あら、今日は早いわね！」「バナナ売り切れてごめんね！」「出張？　頑張ってね！」「今日はパンなの？　珍しい！」

この店員さんと朝会うと、気持ちよく一日をスタートすることができた。会えることがとても楽しみで、元気をもらえた。些細《ささい》なことかもしれないけど、温かな繋がりってやっぱり凄い価値があること。オフィスを移転する際に、一番残念だったのが、このコンビニの店員さんに朝会えなくなることだった。何より寂しかった。それが理由で移転をやめようかと思ったくらい。高級店やホテルできめ細かいサービスに感心することもたくさん経験したが、僕のなかで一番のサービスは？と聞かれると、ダントツであのコンビニの店員さんだ。

僕らは「春水堂」を全国で展開している。美味しいものを提供するのは、もちろんのこと、人との温かな繋がりをより大切にするお店にしていきたいと思っている。お客様との繋がりは、飲食店で働くうえで一番のやりがいで、楽しみである。コロナ禍で繋がりが禁止される昨今だが、いつの時代になっても、やっぱり人と人が繋がる大切さ、温かさの価値は損なわれない。むしろこんな時代だからこそ、より大切になってくると思う。

エンジョイとシンドイのバランス

僕が仕事をするなかで凄く意識して重要視しているのが、エンジョイとシンドイのバランス。どっちが大事かと言えばエンジョイなのだが、成長やレベルアップには絶対にシンドイも必要。筋トレやマラソンをはじめスポーツにたとえてみると、イメージしやすいはず。

エンジョイだけだと、人間は本来怠け者なので、「楽しい」と単なる「楽」を履き違え、知らず知らず衰退に向かってしまう。エンジョイだけを求めるなら、趣味やリフレッシュでいいわけだ。社会人はプロの世界。結果を出せない人間、ぶら下がってるだけの人間、努力や挑戦を避ける人間がチャンスやお金をほしいだけもらえるほど甘くはない。

反対にシンドイだけでもこれまたダメ。理解したうえでの短期間ならまだしも、無期限で不条理なシンドイの継続は続くわけがない。僕自身はエンジョイをベースに、時に追い込まれるぐらいのシンドイを定期的に自分に課すようにしている。僕のベストは丁度半々くらい。このバランスが崩れると、経験上上手くいかないことが多い。

楽しいけど最近ぬるいなと感じる時って、3か月後くらいに突然ピンチがやってくるか、急につまらなくなったりする。反対にシンドイ時期が続いても乗り越えられると3か月後くらいに、公私ともにいい感じになる。だからシンドイ時期って、ちょっとワクワクしちゃったりする。これからどんないいことが起こるかなって想像しちゃったりして。まあ、途中はシンドイのだが(笑)。

常にエンジョイとシンドイのバランスを意識して、自分にとっての黄金比率に調整するといい。まあ、自分で調整するのはなかなか難しいので、事業責任者やマネジャーは環境づくりをする必要がある。ここは組織の生産性として超重要。シンドイが勝っている職場にはエンジョイの要素を多めに。エンジョイが勝っている職場には、シンドイと感じるチャレンジを。

我慢やストレスの逆説的な乗り越え方

我慢やストレスなどの悩みについて。誰だってできることなら避けたいものだ。我慢やストレスだらけの毎日なんて、想像すらしたくもないし最悪だが、仕事のトラブル、人間関係、借金、満員電車……人生には本当に大変なことが多い。我慢やストレスがない人なんていないし、端から見ればどんなに楽しそうに見えても、当の本人は実は悩んでいる、なんてことも多い。では、どうやって向き合っていくか、乗り越えていけるか考えてみよう。

本来は逃げず、目を逸《そ》らさずに、問題解決することがベストなのだが、そんなに人間は強くない。ではどうするかというと、大きなリターンを得られるための、他のポジティブな我慢やストレスをあえてつくり、そっちの課題解決に没頭するようにする。悩みで悩みを覆い隠す作戦だ（笑）。人間は暇だと凄く悩むものの、夢中で没頭しているものがあると、割と気にならなくなるもの。ましてやリターンが得られるための障害や困難の場合は乗り越えると、そもそもの悩みを解決してくれる大きな手助けにもなってくれる。

僕の場合は、仕事における新たなチャレンジがそう。チャレンジっていうと聞こえはいいが、ゼロからイチを生む行為は、いやーしんどい。我慢やストレスだらけ。しかも簡単に上手くいくことをやっているわけではないので、最低2～3

年は続く。でもチャレンジや自己成長のための我慢やストレスは、そりゃ辛いのだけど自ら選んだものだし、リターンが大きいので割と耐えられる。また没頭していると、他の悩みがあまり気にならなくなってくる。さらには、ゼロからイチを乗り越えると得られる自信や金銭的な見返りも大きく、他の問題解決に繋がったりする。

酒やギャンブルや薬物に逃げたり、趣味で少々リフレッシュしても、一瞬気が紛れても問題解決には繋がらない。ポジティブな大きな困難に向かい、より大きな悩みを自らつくり出すことで、他の悩みが気にならなくなり、さらに、本来の問題解決に繋がるという循環。

ネガティブな悩みをポジティブな悩みで没頭して包み込み、レベルアップを目指す。決して正攻法ではないが荒療治としてオススメだ。

ジャングルジム型スキルを身につけろ

これからの時代は、スペシャリストもゼネラリストもそう簡単に生き残るのは難しい。どんなに特別なスキルがあっても、ある日突然、ＡＩやロボットに代用される可能性がある。また広く浅い程度のスキルじゃ、突き抜けることなんて絶対にできない。両方を高い次元で兼ね備えているマルチな人材が求められている。いわゆるジャングルジム型人材。縦にも横にも斜めにも自由自在にスイスイ渡れ、変化にも強い。優秀な人材の宝庫であるグーグルでもっとも高く評価される人材だ。

それではジャングルジム型スキルを身につけるために必要な方法とは。僕自身も割とジャングルジム型だし、弊社にも数多く存在している。だからうちは変化に強く、どんどん新たな事業が生まれていく。マルチな能力を伸ばすためには、次の5段階ステップの繰り返しが必要だ。

①まずできるようになる
②凄くできるようになる
③仕組みをつくり教育する
④併走して大胆に任せる
⑤新たなことをはじめる
また①に戻る。

このサイクルを高速で、20、30回くらい回せば、ジャングルジム型人材になれる。見ていると世の中の人は②で終わっている人が多い。また、任せてもちゃんと併走してないケースも多い。併走して自分のスキルやノウハウをしっかりと引き継げたら、未知のゾーンのことをはじめないといけない。そりゃ、今までの経験が活きないまったく新しいことは大変だから、今上手くいっていることをやり続けたほうが楽に決まっている。

でもそれではスキルの幅はいつまで経っても広がらないし、極めたことがテクノロジーにある日突然とって変わられたら、とたんにゲームオーバーになる。ジャニーズのタレントさんも、カッコいいだけではダメで、歌って踊れるだけでもダメで、演技もお笑いもキャスターもできてはじめて評価されている。お笑いの世界も、ＭＣや俳優もできるマルチな人がやはり活躍している。

僕自身ももっともっとできることを増やすために、自分より優秀な部下を育て、上手くいくまで併走し、大胆に任せ、新たなチャレンジを今まで以上にトライしていきたいと思う。

第5章

巻き込み、惹きつけろ

——リーダーシップ編

「早く行きたいなら、ひとりで行け。遠くへ行きたいなら、皆で行け」という有名な言葉がある。語源はアフリカのことわざのようだ。仕事やプロジェクトをひとりでやるのは気楽で、ストレスも少ない。スピードも早い。フリーランスやノマドワーカーもひと昔前よりもたくさん活躍している。ネット環境も整いまた、煩《わずら》わしいことが多い今のご時世で理に適《かな》った働き方とも言える。

けれど、ひとりでやれることには限界がある。スケールの大きなことをやるには、どうしても組織やチームでやる必要が出てくる。一方で人が増えていくと、今度は増えた人の数だけ、人に関する悩みが増えていくことになる。人に関する悩みはかなり厄介なものが多い。こんなにも人で振り回されストレスを抱えるぐらいなら、やっぱりひとりでやったほうが楽だし早いよなって堂々巡りになる。

僕は仕事をするなら、仲間は少ないよりもできる限り多いほうがいい。ひとりでやるよりも遥かに様々な可能性が増えるし、〝毎日が文化祭〟と称するうちの社内では、大勢でワイワイガヤガヤやるのが基本スタンスだ。お祭り好きな僕は皆でやるのがなんでも楽しいのだ。僕はウサギに負けないぐらい寂しがりやなので、毎日ひとりなんてとても耐えられない。でも、社員や組織での悩みに毎回振り回されるのは本末転倒だ。そこでそのような悩みを回避するための様々な工夫や、社内カルチャーが必要になってくる。

理想としているのは、会社は行かなきゃいけないところではなく、行きたいところであり、仕事はやらなきゃいけないものではなく、やりたくなるから自らが好んでやるもの。皆で目指す場所は遥か遠く、そしてそびえるように高いほうがいい。どうせやるなら簡単ではないからこそやる価値があり、だからこそワクワク楽しめる。友達みたいな仲のいい関係だけど馴れ合いではなく、時に競い合い励まし合う関係。そんな自由な社風と生産性を両立できるようなマネジメントとリーダーシップについて考えていこう。

オリンピックを目指す新人の行く末

自己実現欲求が非常に高い人を、オリンピックを目指したい人にたとえてみる。ベンチャー企業の経営者なんかは、基本、皆オリンピックを目指している人ばかり。社会や世界を変えたいって真剣に思っている人も多い。そして、僕もその目指しているひとり。だからこそ、一緒にオリンピックを目指してくれるようなポテンシャルの高い人材を頑張って毎年採用するわけだ。そんなやる気に満ちたポテンシャルの高い新人を、オリンピックなんか目指したくない上司の下に配属したらどうなるか？

答えは二択。

辞めて他社でオリンピックを目指すか、オリンピックを目指すのが面倒になって、その上司のような人生を受け入れることになる。そして、後者の選択のほうが楽な選択なので、自分でも気づかずズルズル流されていく。こういう事例は世の中に実に多い。

そんなに頑張らなくていい。
一人前になるのに5年はかかる。
その程度じゃ人前に出せない。
本当にお前はできない奴だ。

一見正論でボディーブローのように攻めてくる。世の中をわかっていない新人は真に受け、次第にやる気と自信が削がれていく。そりゃオリンピックを目指すのは大変なこと。中年になり体力もなくなってきて、怠け方も覚えて、それでオリンピックって言われても正直困る。意図的じゃなくても、悪意がなくても、知らず知らずにやる気に満ちた部下の成長をとめてしまう。そんな上司の心境や言動もわからないではないが。

でも、会社としては皆でオリンピックを目指したい。じゃどうすればいいのか。選手としてオリンピックを目指せなくなった人はコーチとして目指してもらいたいと思う。一緒に走るのではなくて、自転車でメガホン持って併走する。素振りを一緒にするのではなくて、隣で数を数えたり、フォームを撮影してあげる。体力的にしんどいことは怠けたっていい。

常に選手を励まし続け、鼓舞させ、自分では気づかない点、自己管理できないことを、献身的にサポートし、併走してコーチする。どんどん挑戦させて、どんどん失敗を経験させる。一流のコーチを目指し、選手を一流に育て上げる。選手で挫折しても、立派なコーチになった人は世の中にごまんといる。

そういう目指し方が中間管理職としての役割なんだと思う。僕自身も、20代は選手として、30代はコーチとして、40になってからは監督として、それぞれのやり方でオリンピックを目指し続けてきた。そしていつか必ず金メダルを取ってみたい。

個性と多様性を機能させる手順

自己の個性と組織の多様性について考える。どちらも大切なキーワードなのだが、個性だけで社会で通用すると思ったら大違い。多様性だけで組織をつくったらすぐに空中分解する。

個性が引き立つのは、個性を主張する前に、社内や取引先にまずは安心されること、信頼を積み重ねることが大切。その安心感と信頼感の上に咲く個性は期待となって輝く。ちゃんとした土台がないのに個性を主張すると、変わり者や勘違いバカとレッテルを貼られて大火傷をする。

多様性も似ている。組織としての共通の価値観や目指すべきベクトルが揃っている土台の上に広がる多様性は機能するし、組織の大きな魅力になる。しかし、この共通の価値観やベクトルが醸成される前に、多様性を過度に許容するとたんにバラバラになってしまう。

反対に安心感と信頼感が抜群でも、個性がないと一段上にもいけない。価値観とベクトルが揃っていても、多様性がないとまた一段上にいけない。要するにどちらも大切なのだが、積み重ねる順番もまた凄く重要なのだ。やっぱり個人も組織も土台となるものがとても大切なのだ。

僕自身ももっと個性的で、会社ももっと多様性に富んで、もっともっと面白くしていきたい。だからこそ今まで以上に安心感、信頼感、共通の価値観、ベクトル揃えの底上げに取り組んでいきたい。

俺に直接なんでも相談してこい

よくある会社の報告の手順は、「本人→上司→その上の上司→役員→社長」から「社長→役員→その上の上司→上司→本人」と実に長い。そして実に遅い。

「俺に相談もなしに、社長に直接言うな！」

「その件は上司の了解をとっているのか？」

それなりの規模の組織になると「企業統治（ガバナンス）」という名のもと、ホウレンソウや決裁の手順が厳格化される。まあ、大手企業やお役所ならわかるがスピードの遅れは今の時代では致命的だ。うちでは、「相談ごとは一番早く解決できる人に相談する」というシンプルなルールに統一している。

相談をしたいということは何かしらの問題があるわけだ。であれば、一番早く解決してくれる可能性が高い人に直接相談するのが一番効果的。営業活動における「キーマン」に営業をかけるのが一番効果的なのと一緒だ。

社内における問題解決のほとんどは「社長」に言うのが一番早い。もし仮にできないにしてもできない理由がはっきりするし、どうすればできるかもはっきりする。出した結論をその本人の上司や関係者と調整をすればいいだけの話。その上司自身も相談経路で何か支障があれば、直接社長に相談すればいいだけだ。

僕への相談は、メールでもＬＩＮＥでも社内ＳＮＳでもメッセンジャーでもショートメールでもなんでもＯＫ。24時間、３６５日ＯＫ。返事は遅くとも6時間以内に何かしらの返事をしている。

現在世界一活躍している経営者といわれているテスラのＣＥＯのイーロン・マスクも同じようなことを社内に提唱している。それなりに規模の大きな会社であってもこのようなシンプルなルールは成り立つのだ。

人生におけるもっとも大切なもの。それは時間だ。ビジネスにおいてもスピードは重要だ。何よりも時間を無駄にしないようにしよう。

社長とそれ以外の人の決定的な違い

社長とその他の役職の人との決定的な違いについて。よくいわれることだが、平社員と専務の違いよりも、専務と社長には大きな差がある。でも、その差って能力の差ではない。ナンバー2の人のほうが優秀であるケースはめちゃくちゃ多い。うちでも僕より優秀な人はたくさんいる。ではその差って何かというと、決断の重さと数だ。この差が、他の役職と圧倒的に違うところであり、成長の差を生む原因となる。

新たなチャレンジには成功のルールは決まっていない。そのなかで様々な決断をしなければならないということは、間違った決断をすることも多いし、批判にさらされることも多い。
それでも毎日何かしらの大きな決断をしなければならない。その決断には根拠があることもあれば、なんの根拠もなく、勘だけを頼りにしなければいけないことも多い。まあ、上手くいかないこともそりゃ多い。そして人間だから失敗がずっと続くと、やっぱりへこむし辛いものだ。

決断をしなければいけない人は、めちゃくちゃ集中して考える。根拠がなくても考えるし、誰だって間違った決断をしたくないから、最後までない頭を振り絞って正解を導くために脳に汗をかく。

おそらくはこの脳に汗をかいた量が、成長を加速させてくれるのだと思う。

最近巷《ちまた》でよく聞くのが、大変そうだから管理職にはなりたくない、という話。
気持ちはわかるが、断言できるのは、決断の重さや決断の回数が多い人ほど間違いなく成長が早いということ。だからこそ、早く成長したい人は、早く責任の重い立場を目指すべき。立場が人をつくるというが、決断の重さと回数が変わると、成長のスピードが格段に上がる。

ギャンブルか、チャレンジなのか？

無謀なギャンブルなのか、もしくは勇敢なチャレンジなのか？　よく議論になるところだ。無謀な賭けでも、結果上手くいけば、周囲はそれを果敢なチャレンジと呼んでくれる。反対に果敢なチャレンジも、結果失敗すれば、それは無謀なギャンブルと呼ばれてしまう。

事前準備が足りなかった。リスク分析が幼稚。資金計画が甘かった。まあ、新たなチャレンジがダメだった理由、無謀であったとする指摘は星の数ほど出てくる。揚げ足を取ろうと思えば2万本くらい取り放題だ。もちろん、ノリだけでやらない、思いつきだけで突っ走らない、っていうのは大前提。稲盛和夫さんの有名な格言にもあるが、「楽観的に構想し、悲観的に計画し、楽観的に実行する」。物事を成し遂げるのは、「悲観的に地に足ついた計画」が必要だ。

しかし、しかしだ。どんなに事前に準備して計画しても、やってみなきゃわからないことのほうが遥かに多い。失敗を重ねて、時に修羅場になってみなきゃ得られない、もの凄く大事なものだってある。月並みだが、バットを振らなきゃヒットは打てないって奴だ。

僕は基本的に、攻めや挑戦が好きな人間だ。今までの人生、ゼロから生み出すことばかりしてきた。よって、失敗もそりゃ多い。人の何倍も多い。辛辣《しんらつ》な批判を浴びた経験も数え切れないほどだ。まあ、はじめから賛否があることは承知だが、失敗して叱責されるとそりゃ辛い。割と小心者なので、胸も胃も激しく痛む。その度に管理サイドからは、「社長、もう無謀なギャンブルはやめてください！」と急ブレーキを踏まれることも多々あった。もちろん会社を守るため、という職責が故の言動だとは、よくよく理解している。

僕はその度に、無謀なギャンブルなんて一度もやったことはないと反論していた。これは会社の未来をつくるチャレンジなのだと。失敗してもそこからまた学んで這い上がるのだと。もちろん計画も立てるが、やはりやってみなけりゃわからない。まあ、その溝は決して埋まらない議論で、いわゆる水掛け論。

現場でも同じような議論がある。その程度の知識やスキルでは、表に出せない、任せられない、というもの。いつになったら任せられるのか。高いレベルを求めれば延々とその日はやってこない。正論と言えば正論なのだが、僕が思うベンチャーとしての方針は、「まだまだ知識も経験も足りないけど、チャレンジしてどんどん失敗してこい。新人は失敗から学ぶものだ。大失敗したら俺がフォローして、カバーしてやるから心配するな。ただし謝りに行く時は一緒についてこいよ。謝罪の勉強させてやるよ」というものだと思う。

僕は社会に新たな価値を生み出し、日本を、世界を変えたいという想いでチャレンジを続けている。だからこそ中小企業ではなくベンチャー企業と名乗っているのだ。2度や3度の失敗で足がすくむようじゃ、人の目や陰口が怖くて信念を曲げるようじゃ、存在意義はなくなるというもの。こんなことを公言しているので、いつも周りをハラハラさせてしまって申し訳ないのだが、このようなやり方で多くの山や壁も、乗り越えてきたのだ。これからも悲観的に計画しつつも常にチャレンジを続けていく。

究極のモチベーションって何か？

モチベーションについて考える。モチベーションが維持できない、最近モチベーションが低い、うちの上司モチベーション高過ぎ、などなどモチベーションに関する問題や話題は尽きない。モチベーションのコンサル会社もいまだにニーズはあるようだ。

個人的には、仕事において、モチベーションが上がるとか下がるとか、高いとか低いとか自分で感じたことはない。話はそれるが、生きるために必要なことに、モチベーションなんて不要だ。息をするモチベーションがわかない、ベッドでウトウトするモチベーションが高まらない、モチベーションが低いから飯を食べない、なんていう発言は聞かない。生きることや快楽に関することには、基本モチベーションを一切必要としない。

また、仮に遭難して無人島に流れ着いて、生きるために、助かるために、様々な努力をするのにモチベーションうんぬんは関係ないだろう。「働く」ということは、本来は、生きていくために必要なことで、夢を叶えるために必要なことで、誰のためかといえば自分のため。本質的にはモチベーションとは無関係にガンガンやってしかるべきなのだけど、そうはならない人はとても多い。「他燃型」や「不燃型」と言われる人たち。

おそらくは、今の日本は、生まれた時からなんでもあって、ネットでなんでも擬似体験ができて、もっと○○がほしい、もっと○○になりたい、もっと○○したいという欲が極端に少なくなってしまったのだろう。僕は人一倍欲張りだから、モチベーションなんて関係なく、今まで挑戦や努力を続けてきた。自分が何者になっても、きっとこれからも変わらない。

問題は「欲」がない人をどうマネジメントするのかってことになる。一番手っ取り早いのは、グーグルのように、徹底的にフィルタリングして欲がない人を採用しないことなのだが、一般企業だとそうもいかない。モチベーション維持のためには、目的目標を明確にしてあげたり、タイムリーに成果を褒めてやり、評価や給与を適切にしたり、ってことなわけなのだが、かなりの工数を必要とする。

仕事を頑張ることに、モチベーションうんぬんを必要としない。そんな組織になればいいのになと思う。本人も管理側もずっと楽になるはずなのですけどね。組織風土の問題か、事業内容の問題か、採用設計の問題か……まあ全部なのでしょうが。僕が思う究極のモチベーションとは、モチベーションそのものが不要であること。そんな社会になればいい。まあ極論ですが。

無理やり帰らせても問題は解決しない

スタッフの業務効率と残業問題について。よく巷で聞くのが、ダラダラ残業しないで、早く帰りなさい！　仕事も中途半端で、早く帰るんじゃない！　早く帰れといわれるけど、成果は求められる。早く帰りたいけど、上司より先に帰りづらい。

早く帰るのが正解なのか、帰らないのが正解なのか、ノー残業デーとか、プレミアムフライデーなんかもあったけど、早く帰ろうが結局求められる成果は変わらない。それどころか他の日にしわ寄せが来て余計に困るとか。問題はなかなか解決しない。

では、この残業問題はどう解決していくのか。正直労働時間は短いに越したことはない。残業が美徳なのは過去の美学なのであって、集中力の限界は8時間といわれている。集中力も切れ、ダラダラ残業していても、スタッフの立場でも時間と労力の無駄遣いだし、経営の立場でも無駄な残業代は減らしたいもの。

解決策としては、「最小の労力で、最大の成果が上げられる仕組みづくりのあくなき追求」しかない。仕組みが変わらないのに、早く帰れといって帰らせても、結局業務が中途半端になると誰も得をしない。むしろ歪みが出てきてしまう。会社の業績が傾くようであれば、残業問題云々といっていられなくなる。

経営陣も、現場もありとあらゆる知恵を絞って、工夫して、無駄な業務や慣習を省いて、「最小の労力で、最大の成果を上げられる仕組み」を一致団結して、延々と目指さないといけないのだ。考えること、変えることを面倒くさがってやらなかったら何も変わらない。にもかかわらず、やみくもにノー残業デーやプレミアムフライデーだといって早く帰らせても、何も問題は解決しない。時短でも、週3でも、兼業でも、長期休みを取っても、成果が下がるどころか、成果がぐんぐん上がる仕組みをつくり出したい。

最高かつ最強のチームのつくり方

組織力向上について。人はひとりでできることは限られているから、チームとして、1足す1を3にも5にも10にもしたいものだ。組織力を向上させるための個人的に大切だと思う概念が「競争と協力の共存」だ。

近年、競争ってマイナスのイメージで捉えられるケースが増えてきた。おそらくは、ゆとり教育のなかで運動会でも順位をつけない、通信簿も点数をつけない。最近だと、ゆとり世代を超えて、さとり世代というのだったろうか。その考え自体はいい面もあるが、しかしながら、ビジネスというのはプロの世界なので、ゆとりやさとりでは生き抜いていくのは難しい。

「競争なくして、成長なし」。何かを成し遂げた人の大半は、負けず嫌いの人が多い。あの人に勝ちたい、負けたくないとの思いは、時に頑張る大きなエネルギーになってくれる。スポーツの世界もそうだが、結局はレギュラーにならないと試合にも出られないし、負けたくないから必死に努力を続けるわけだ。

ただ、競争だけでは疲れてしまうし、時に組織としてギスギスしてチーム力をマイナスにしてしまうこともある。勝てばなんでもいい、時に人を蹴落としても勝ちたい。個人戦ではいいかもしれないけど、団体戦ではこの考えは大きくマイナスとなる。会社という枠組みは、個人戦ではなくて団体戦だ。1足す1が5にも10にもなることがあるし、反対に１／10になってしまうこともある。だからこそ、団体戦では「協力なくして、成長なし」。このお互いを思いやり協力し合う、フォー・ザ・チームの精神ってめちゃくちゃ大切。

一見すると矛盾を生みそうな「競争」と「協力」を、高いレベルで「共存」させることが最高のチームの条件なのだと思う。芸能界の生き残りもそう。ＡＫＢの選挙は有名だが、競争状態はつくりつつも、チームとしての団結力も強く、助け合いもしっかりと共存している。これができないと一糸乱れぬ歌やダンスはできないものだ。

「競争と協力の共存」。この相反するふたつの要素を高いレベルで融合することを目指していきたい。

部下や後輩を指導する基本姿勢

部下や後輩の指導スタンスについて。僕自身の過去の失敗談がベースになっている話。かつての僕のマネジメントスタイルは、とにかく行動させること、結果を出させることに絶対的な重きを置いていて、いわゆるボスマネジメントやハードマネジメントスタイルだった。簡単にまとめると、

詰める、びびらす、従わせる。

今思うとだいぶキツイ奴だった。でも真剣に仕事に向き合ったからこその行動だったし、当時は正しいとも思っていた。なんだかんだいって、行動させないと

結果も出せないし、結果が出ないと自信も持てないはず、と。この考えの本質自体はそんなに間違ってないのだが、やり方が自分本位過ぎた。結果どうなったかというと、それなりの売り上げを上げることには成功したものの、人はどんどん辞める。皆に嫌われ孤独になる。社員にも辛い思いをさせてしまったし、寂しがりやの僕も自業自得だけど本当に悲しかった。社長は孤独な職業だの、孤独に耐えろとかよくいうが、僕はウサギ同様、孤独になると死んでしまう……(笑)。

量を行動させること、質を指導すること、結果を出させることは本当に大切。このサイクルは絶対。このサイクルをどんどん高速で回さなきゃいけない。ただ、指導スタンスは先ほどの、高圧的なボスマネジメントではなく、

褒める、励ます、寄り添う。

このスタンスが大切。人はびびらせて、怖がらせて、無理矢理行動させても続

かない。そもそも、お金として感情を割り切って働いてる人以外、普通の人間だったら会社に行きたくなくなる。僕も反対の立場だったらやっぱり嫌だ。まさに北風と太陽の童話の結末が物語っている。まずは小さな行動目標を設定して、クリアしたら具体的にタイムリーに褒めてあげる。ひたすらその繰り返し。そして、自信がついてきたら徐々に目標のハードルを上げていく。時に励まし、常に寄り添いながらともに成長を目指し、日々歩んでいく。

もちろんやさしさだけでなく、愛情を持った指導には時に厳しさも当然ながら必要だ。しかしその厳しささえも、詰めたり、びびらせたり、無理矢理従わせる必要はまったくない。また、意図的でなくても、全然そんな気が自分になくても、結果、そのようになってしまっていることも多いので注意したい。職場が緊張感でギスギスするくらいなら、お互いに褒め合い、励まし合い、高め合える職場にしていきたい。

すべての人に当てはまる仕事の目的

仕事を頑張る目的の「究極の答え」について。仕事の目的って本来は、人によって答えはバラバラ。お金のため、自己成長のため、売り上げのため、利益のため、お客様のため、社会貢献のため、出世のため、キャリアアップのため、暇つぶしのため、家族のため、仲間のため、老後のため、マイホームのため、ローン返済のため、世界平和のため、宇宙に行くため。

本当に目的は人それぞれだ。人それぞれだから、他人のモチベーション形成って難しい。そして、その目的って、ステージや環境によって、その都度変わることも多い。僕は仕事を頑張るための動機形成って、マネジメントの大半を占めると思っている。さらに、それは短期的ではなく、中長期に続く継続性のあるものでないとあまり意味がない。

この動機形成や部下の指導に関しての僕なりの究極の答え。それは、仕事を頑張る目的って、周囲からの「信頼」を得るため。そして、自分自身に「自信」を持つため。このように置き換えるとすべてに合点がいく。時代や価値観が変わっても、テクノロジーが変化しても、急激なデフレやインフレでお金の価値が変わっても、周囲や仲間からの信頼や、自他ともに認める自信って、価値が損なうことはないし、その他のたくさんのものを手に入れる魔法のカードになる。

絶対的な信頼と自信があれば、時間差は多少あったとしても、アラジンのランプのように大抵のものは手に入れられる。一生懸命に頑張る理由も、高い売り上げを目指す理由も、遅刻しちゃいけない理由も、嘘をついちゃいけない理由も、人を騙しちゃいけない理由も、お客様に喜んでもらう理由も、挨拶をちゃんとする理由も、人を褒めて育てる理由も、大胆に人に任せる理由も、任せても放任はしない理由も、簡単には諦めない理由も、決めたらやり抜く理由も、目的を「信頼と自信を得るため」に置き換えるとすべてに合点がいく。

僕自身も20代や30代の苦しい時代に得られた信頼や自信は、一生ものの輝く財産になった。そして信頼と自信は合わさると強い。どちらもなければまずは信頼から。そして信頼や自信には限界はない。謙虚にさらなる上を目指し、貪欲にもっともっと高めたい。

リーダーに絶対的に必要な３か条

リーダー論について。大学時代はゼロから立ち上げたイベントサークルの代表。社会人になってからは、これまたゼロから立ち上げた会社の経営者。リーダーというポジションを長年ずっとやってきた。むしろリーダーばかりの人生だ。僕はいまだに失敗ばかりで、まだまだいいリーダーとはいえないが、経験上リーダーに絶対的に必要な3つの要素はわかってきた。

①常に考え続けること
②変化を恐れないこと
③行動で検証すること

理想をひと言で言えば、個人としても組織としても、PDCAをどれだけ早く、そしてどれだけ長く継続できるかが、できるリーダーの大切な役割。要は誰よりも夢中であるか、ないか。誰よりも情熱があるか、ないか。自分のやるべきミッションに心の底から夢中でもない、世界中の誰よりも情熱があると自負できない人は決してリーダーではない。

そして、変化や挑戦を恐れず行動をしなければ何も生まれない。頭のなかでシミュレーションしてわかることなんてたかがしれている。検証を行動で行うからこそ、失敗しても次に活かせる。物事の成功の有無と大小は、〝ＰＤＣＡの速さ×継続期間〟に絶対的に比例する。そして結局は、物事は何事も上手くいくまでやめずに続けるしかない。

繰り返しになるが、理想的なＰＤＣＡの実現には、①常に考え続けること、②変化を恐れないこと、③行動で検証すること、の3つの要素が不可欠だ。どれが欠けてもリーダー失格。リーダーというポジションは、決して楽ではない。ナンバー2とは天と地ほど違う。でも、楽ではないから面白い。

人の育て方のベストなマネジメント

会社や組織にとっての超重要な人の育て方とマネジメントの手法について。物心ともに距離が遠いのもダメ。ビジョン・方向性や戦略を示さないとダメ。進捗管理を行わないのもダメ。そして、それらができている前提で、一番大切なのが細々指示を出し過ぎず、大胆に任せるということだ。

①とにかく距離を近づける

マネジメントしている側のほうからコミュニケーションを膨大に取り、とにかく距離を近づける。部下からはなかなかしづらいもの。うちの社内はフリーアドレスになっていて、僕の席は会社の大体中央で、メンバーに混じって仕事をしている。声をかけることも、かけられることもめちゃくちゃたくさんある。また、管轄しているメンバーとのSNSグループでは、僕が誰よりも一番多く情報発信している。業務上の話も多いが、雑談もそれ以上に多く、物心共に距離を縮めることを意図的に強化している。

②ビジョン、方向性と戦略の共有

ビジョンと大きな方向性・戦略をしっかりと示し、何度もことあるごとに共有する。僕が現在メインで管轄しているアパレル部門では、「アパレル界のアップルになる」というビジョンのもと、中長期の方針、戦略をメンバーにしっかりと示し共有している。メンバーがあきれるほど、何度も何度も伝えることが重要だ。

③情報共有の徹底

日報は情報共有の基本だ。日報って古臭いようだが、日々の大切な個々の振り返りであり、仲間への共有であり、上司への報告であり、マネジメントツールでもある。内容の質も量もともに大切。管轄しているメンバーの日報は僕も毎日必ず目を通し、いいね！やコメントもまめに返信している。そして、週１の定例ＭＴＧにて部署全員が集まって、先週の部門ごとの売り上げの確認と各自の活動の振り返りと結果、今週の予定の共有を行う。かなり活発にそれぞれ質問やアドバイスも飛び交う。僕ももちろん参加して、自身の活動や考えも共有する。

④ 上記以外は全部任せる

①～③がしっかりとできていれば、あとは担当にすべてを任せてしまおう。理想は丸投げだ。やり方もそれぞれが考えて、予算配分や業者選定もそれぞれが考え、実行する。距離が近いと、その都度ラフに質問や相談もくるので、こちらから細かな指示をする必要がない。もちろん、情報共有と進捗管理だけはちゃんとする。失敗や上手くいかないことも財産なので、考えて行動したことはお咎《とが》めはなし。責任は任せた上司がとればいい。

社長室がなく、秘書がいないわけ

今まで社長室をつくったことも、秘書を雇ったこともない。おそらく、今後どんな規模の会社になっても、変わることはないと思う。もちろんどちらも、ステータスではないメリットや必要性があることはわかるし、否定をしているわけではない。

いい悪いではなくて、あくまで価値観というか、スタンスの問題。何かふと閃《ひらめ》いた時に、スタッフにすぐ話したい。何気ないくだらない雑談から生まれたことがどれほどあったか。また、声をかけるだけでなく、馴染みの店員さんくらいの気軽さで話しかけられるような距離感を意識している。

髪切った？　カラー変えた？　顔色いいね！　いいことあった？　スタッフの変化に気づけるのも、隣にいつもいるからわかるもの。社長室がないだけでなく、フリーアドレスで社員と同じ島にいつもいる。公にできない話は、移動すればいいだけだし、昼寝したかったら堂々と平場のソファで寝ている。個室がないことに不便を感じたことはほとんどない。

秘書に関してもそう。スケジュール管理も、ホテルや飛行機の予約も、レストランの予約も、プレゼンの資料作成も、アポの調整も全部自分でやっている。社長は社長のやるべきことに集中すべきだという考えはよくわかる。でもスマホですべての予約が事足りる時代で、雑務なんて隙間時間にささっとできる。

自分の好みや細かなフィット、スケジューリングは自分でやるのが早いし最適。そして、一番こだわっていることとして、自分の感度が鈍ることが何よりも嫌なのだ。飛行機やホテルの値段、混雑状況、レストラン情報、世の中の最新の動向や、変化に気づけなくなるってめちゃくちゃ怖いこと。カップラーメンの値段がわからず、庶民のための今の時代に合った政治なんかできるわけない。

資料作成もそう。自分でつくった資料でプレゼンするのが一番魂が入るし、何より伝わる。ちなみに各種予約も、アポ調整も、資料作成も僕はめちゃくちゃ早い。空き時間で十分だしクオリティも◎。いつでもスーパーカリスマ秘書になれる自信がある。失業したら誰か雇ってくださいね（笑）。

年代ごとの理想のワーキングスタイル

年代別での理想的な働き方について。年代別にポイントが異なる。孔子の論語での有名な格言。三十にして立つ、四十にして惑わず、五十にして天命を知る。30代で基礎ができて自立し、40代で迷うことがなくなり、50代で己の人生の意味を知るという意味だ。

いやはや凄い。いつの時代も変わらない本質とはこのこと。普遍的で理想的なワーキングスタイル。これを自分なりに解釈すると、20代は縁のあった職場で、まずは与えられた業務をがむしゃらに誰よりも頑張る。向き不向きよりも前向きに。結果や給与はそんなに気にしなくていい。

30代は信頼と自信を得るための期間。とことん結果にこだわり、上司や会社から信じられ頼られる存在を目指す。20代でのがむしゃらな努力と、30代での信頼の積み重ねが、芯のブレない自信に繋がる。信頼と自信を得られた40代は、とことん好きなことに打ち込もう。もう迷わなくていい。好きなこと、やりたいこと、得意なこと、なんだっていい。自分で決める。信頼と自信をベースに夢中で打ち込めば大概のことは上手くいく。

そろそろ40代の半ばとなる僕自身は、まさにこのフェーズの真《ま》っ只《ただ》なか。とにかくやりたいことだけに夢中で打ち込む毎日だ。もちろん、大変なことも多いが、とにかく楽しくて充実している。

こう堂々と言い切れるのも、20代に明日が見えない努力を続け、30代に結果を出してきたから。もちろん、まだまだ上には上が星の数ほどいるが、それなりの社会からの信頼と、自分なりの自信を得てきた。残りの40代は脇目もふらずに、一心不乱に楽しみ打ち込む。お金や大きな結果は、ちゃんと後からついてくる。

50代以降は私欲やお金でなく、社会や世界をよりよくするために、純粋に打ち込めたらいい。いつかは天命を知り、天命のために残りの人生を捧《ささ》げたいものだ。

これから先10年間の過ごし方

これから先10年をどう過ごそうかと。まあ、おおむね答えも決まっているし、やることもある程度明確になっているのだが、改めて頭に浮かぶキーワードをアウトプットして可視化しておこうと思う。

そもそも前提として40代の10年間って、経営者にとってゴールデンタイムだと思うのだ。20代は駆け出し、30代は基盤づくり、40代はその20年の土台の上で、ようやく手にしたやりたいことに対してまだ体力もあり、結果にこだわり全力投球できる貴重な期間。この10年の過ごし方って人生を振り返った時にもっとも影響が多い年月になるのだろうなって。

20代も30代も振り返るとそれなりに行動して、それなりの結果も出してきたけど、やっぱり後悔のほうが大きい。知らないことだらけで仕方がないことも多かったけど、それでも振り返るとたくさんの後悔がある。けれども過去はどんなに悔やんでも時間は戻らない。だからこそ、その変えられない過去を嘆く暇があるなら、過去を前向きに解釈して、後悔を糧《かて》にこれからの未来をよりよくしていけばいいいだけだ。

きれいごとを言えば、全力でそして胸を張って、世のため、人のために、自分という人間とオアシスという会社を活かして、尽くしてみたい。そのうち、否が応でも人間は死というものに向かい合わなきゃいけなくなる。死を感じてからようやく世のため、人のためとか真剣に考えはじめてもやれることも時間も限られてしまう。時間も体力もまだ余裕がある40代だからこそ、今から土俵際のような集中力と危機感をもって1日1日を過ごして、もっと結果にこだわりたい。

世のため、人のためになんて、今のなけなしの僕にとってはまだまだきれいごとでしかない。そうしたいという想いは本物だけど、金銭的にも精神的にも余裕のない僕には、やっぱりきれいごとでしかないわけだ。それでも一度の人生だからどうしてもやってみたい。1日1日の積み重ねでしか夢に近づけないなら、まずはその1日1日を実りあるものにする。そして、誰から見ても納得の結果を出せばいい。〝無理だ〟の〝現実を見ろ〟とか言う人はやらない人の理論であって、結果を出せば誰も文句を言わなくなる。

今できることをもっと本気で全力で。そして、もっともっとできることを増やしていく。本当にやりたいことを「いつか」にはしない。きれいごとを美化したままで終わらせたくない。夢は逃げない。逃げるのはいつも自分だ。

第6章

逆境を乗り越えろ

——コロナすらチャンスに変える

「スーツに見える作業着」というアパレル業界での異例のヒット商品は、コロナだからこそヒットしたといっても過言ではない。コロナによって職場と自宅の垣根がなくなり、オンとオフの明確な線引きがなくなった今の時勢だからこそ売れた。作業着としての用途で売れていると思われがちだが、それだけでなく堅苦しいスーツを嫌々着ていたビジネスマンにも実によく売れている。

毎日洗える特性を感染対策として打ち出した。また、着心地のよさときちんと見えることの両立が自宅でのリモートワークに抜群だとPRした。コロナ禍においてて最適な「ボーダレスウェア」としてのブランディングとマーケティングを計画的に仕掛け、それが上手くいった。

コロナによって、売り上げが減ってしまう業種や商品もあれば、コロナだからこそ好調な業種や、より売れる商品やサービスだってある。上手くいかないことを環境のせいにしてもきりがない。何か嫌なことやマイナスがあった時に人は他人や環境のせいにしがちだ。ついつい愚痴や文句を言いたくなる。でもどうだろうか？　他人や環境といった外部的な要因は、自分の都合で変わってはくれない。自ら変えられるのは、自分の考えと行動だけだ。

変化する様々なパラダイムシフトを逆手に取って、消費者の潜在的なニーズをつくり出すことだってできる。環境の変化に対して、商品そのものを開発することや大幅に改良する必要もあるだろうし、たとえ商品そのものを変えられなかったとしてもブランディングやマーケティングをニーズに対してタイムリーにスピーディーに変化させて対応することだってできる。ＰＤＣＡを高速回転させて、新たなニーズと上手くフィットさせることができるかが分かれ目となる。そして、スピードが勝負だ。いずれにしても、今までと同じやり方のままで、気合や根性で乗り切ろうとしてもかなり難しい。

また、組織そのものが大胆にスピーディーに変化できるのも超重要だ。社内が凝り固まったままで、新しいことをやろうとしてもなかなか上手くはいかない。

そして逆境に対して、前向きに立ち向かおうとするポジティブなカルチャーが醸成されているか、様々な問題に対して今までのこだわりやしがらみに固執せず、柔軟な対応ができる多様性に富んだチームビルディングができているか。結局のところ、企業は人で成り立っている。そのような変化に強く、柔軟な組織であれば、逆境に強くコロナですらチャンスに変えることだってできるのだ。

変化を起こし、楽しむ文化をつくれ

コロナに対しどう対応するかという問題だけに限らず、企業が生き残るためには変化していく必要がある。強い組織が勝つのではなく、変化できる組織が最後には勝つのだ。ひとつの成功体験や固定概念に縛られていると、大きな社会変化や技術革新に淘汰されることになる。

僕自身は、よくも悪くも仕事を仕事として割り切ってなくて、人生を豊かに楽しくするプロジェクトだと思っている。だからこそ、毎年同じことの繰り返しなんか死ぬほど嫌だし、常にどうしたらもっと面白くなるか、考え続け日々発信し実践している。

いきなり台湾ブランドのカフェをやりたいとか、スーツに見える作業着をつくりたいとか、突拍子もなければ、ジャンルも多岐にわたるというか広過ぎる（笑）。リスクがどれくらいあるか、儲かるかどうかはひとまず二の次。行動の原動力は、心の声で決まる。やりたいかどうかがすべてだ。

その結果、新たなアイデアや突拍子もない企画が数多く社内発令されるので、それに付き合うメンバーは大変だろうなって我ながらいつも思う。けれど、一見無茶ぶりなミッションがうちの会社の変化への対応能力の高さに繋がり、逆境にこそ本領発揮できるチームの強さに繋がっているのだと思う。組織における成長という面や、変化に対する順応力という意味では、プラスに作用する点が多い。

コロナのような大きな社会変化が起きてから、さてどうしようと考えはじめたり、そこからはじめて組織を変えよう、事業内容を変えようと、焦って考え動き出しても遅い。日頃から変化に対する免疫や、無謀なことを仕掛ける耐性がないと、非常事態になってからでは慌てるばかりで上手くは回らない。

日頃から変化を起こし続けることを当たり前にして、社内を慣れさせておくことが大切。はじめのうちは困惑され、時に嫌な顔をされることもあるが(笑)、そこは押し通し続けるとそのうち皆慣れてくる。変化に慣れ、むしろ変化を楽しむ文化になっていく。

飯の準備をちゃんとしているか？

仕事における飯の準備の話。今日の飯、明日の飯、明後日の飯の準備をちゃんとバランスよく同時進行できているか？

今日の飯＝短期的な課題
明日の飯＝中期的な課題
明後日の飯＝長期的な課題

僕らはついつい直近の問題や課題に関心を寄せ、時間を多く割いてしまいがちだ。目の前のことだけを片付けても、またすぐ、他の問題が目の前に現れ、足元ばかりに気をとらわれてしまう。気がつくとひたすら延々と自転車操業を繰り返すこととなる。気持ちの余裕もなければ、時間の余裕もない。どんなに頑張ってもいつまでもトンネルからは抜け出せない。

成長を続けるために必要なことは、目の前のことばかりに気をとらわれることなく、今日の飯、明日の飯、明後日の飯の準備をバランスよく同時に行うことだ。僕自身の経営者として重大な役割は明後日の飯（長期的な課題）に対して計画を立て、多くの時間を割くこと。具体的な内容としては、採用活動や、次世代の柱となるような新事業や新業態への準備だ。

これらはすぐに結果になるわけでもなければ、今期の業績にプラスになることもない。けれども今日の飯に困っていない多少余裕のある時だからこそ、明日の飯、明後日の飯の準備に全力を割かねば、今はよくてもその後は下り坂が待っている。また、足元ばかり見ていると、いち早く時代の変化に対応することも不可能となる。

経営だけではなく様々なポジションにおいても、やはり3つの飯の準備を同時にする時間の使い方の習慣を身につけないと、どんなに頑張っても自転車操業は続いてしまう。ついつい目の前の課題ばかりに気をとらわれがちだが、スケジューリングを上手く調整し、3つの時間軸の課題に対してバランスのよい時間の使い方を心がけたい。

できるもできないも、どちらも正解

自動車の大量生産に成功した自動車王ヘンリー・フォードの有名なセリフ。「できると思えばできる。できないと思えばできない。どちらの選択も人生の正解である」。そう、どっちを選ぶかは人それぞれ自由であり、あなたの人生にとってどちらも正解なわけだ。

幸せになれる。なれない。
お金持ちになれる。なれない。
海外で成功する。できない。
世界を変えられる。変えられない。

さてどっちを選ぼうか。もちろんできると思うことがすべて実現するとは限らない。けれどもできないと思ったら、その瞬間に可能性はゼロになる。空を飛びたいと思っても人間には翼がない。けれどもどうしても空を飛びたくて、ライト兄弟は飛行機をつくった。人類はたゆまぬ努力や挑戦の結果、世界中を自由に飛行機で飛び回れるようになった。宇宙にだってロケットで行けるようになった。できないと思っていたらできなかったわけだ。

ビジネスでもそう。儲かるという字は、信じる者と書いて「儲」という字になる。自分を信じられるか？　部下を信じられるか？　会社を信じられるか？　僕は自分の無限の可能性を信じている。一緒に働く仲間の無限の可能性を信じている。僕らが社会を、世界を、変えられると本気で信じている。コロナのような大きな逆境も乗り越えられると思えばできる。前向きな強い想いは様々なものを引き寄せてくれる。

できると思えばできる。できないと思えばできない。どちらの選択も正解だ。僕らはできるという選択を選び続けたい。

ハッピーな結末なら逆境を楽しめる

新たなチャレンジを行っていると、様々な困難やトラブル、予期せぬアクシデントが波のように毎日やってくる。時には挫けそうになる。しんどくて辛くて空を見上げることも少なくない。それでも割と僕はその状況を前向きに受け入れて、ワクワクに変えることができている。

なんでそんなに辛い状況にもかかわらず、楽しめているのかと冷静に考えてみると、ハッピーな結末が必ず待っていると信じているからだ。どんなに辛くても挫けそうでも、結末がハッピーであるならその過程は幸せのための必要なプロセスになる。むしろトラブルや困難があったほうがストーリーは盛り上がる。簡単に上手くいく物語はつまらない。

僕らが子どもの頃から見てきたドラえもんの映画。ハッピーエンドが待っているとわかっているから、途中幾度となくのび太やドラえもん、ジャイアン、スネ夫、しずかちゃんが危機的状況になっても、僕らはその過程をむしろハラハラしながらも楽しめる。平坦なストーリーでは映画にはなり得ない。

僕は楽観的過ぎるのか、常に結末がハッピーになると信じて疑っていない。誤解や批判を恐れず言えば、タイムマシンで見てきたように具体的にリアルに自分の幸福な未来が訪れることを知っている。だからこそ、その過程で何が起きても成功のための必要なプロセスとしか思えないのだ。

思い込みなのか妄想なのかはわからないが、信じて疑っていないのだ。もちろんそれなりの自分自身の努力や、恵まれた頼れる仲間たちがたくさんいるので、裏付けがまったくないわけではない。ただいつ成功するのか、具体的なスケジュールだけは多少あいまいだ（笑）。

自分自身の人生は自分だけのもの。そしてその主人公は自分だ。ハッピーエンドなストーリーにするのか、バッドエンドなストーリーにするのかはどちらも自分の選択次第、行動次第で自由に決められる。どうせならハッピーエンドだと思うほうが楽しいし、決めるのは自分自身なのだから、幸せな人生を選んだほうがいいに決まっている。そういうポジティブな奴に運も人も寄ってくるものだ。

ゼロからイチをつくる熱量と疲労

ゼロからイチをつくる日々について。そんな日々をかれこれ十何年も続けている。アパレル事業では5年ぶりに陣頭指揮を取り、ヒリヒリするような毎日を送ってきた。裏表なく本音を言えば、ゼロからイチをつくるって本当に大変。うまくいくかどうかなんて誰にもわからなくて、正解があるのかすらもわからない。

上手くいかないほうが遥かに確率が高くて、タイムリーに投資をしなければチャンスが逃げる場面でも、その投資に対して誰も確信を持てないので、本当に大丈夫なんですか？　責任取れるのですか？　と周囲からの無言、有言のプレッシャーがかかる。やってみなければわからないことばかりだし、失敗してみないとわからないことだって多い。

仕事以外でも、ご飯を食べている時も、電車に乗っている時も、車を運転している時も、フライト中でも、風呂のなかでも、こうやって原稿を書いている時でも、ひたすらずっと考えている。頭をひねっている。ヒントになることはなんでも写真を撮りまくり、ＬＩＮＥでメモをとりまくり。常にスマホをいじりながら、判断業務と情報収集をし続ける毎日。精神状態は、返せるあてもない莫大な借金を抱え、毎日24時間、屈強な借金取りに追いかけられているイメージ。文字にするとかなり悲惨だな（笑）。

でもこれは本当にリアルな話。能力も経験も乏しい人間が、ゼロからイチを立ち上げるにはこういう毎日が必要不可欠なのだ。だからこそ、事業を安易に立ち上げることはあまりオススメしない。もちろん安易に起業することはもっとオススメしない。過酷さでいうと、まったく運動をしていない人がフルマラソンで3時間を切るくらいの肉体的、精神的なハードさだ。

でも乗り越えた時の己の成長と、仲間の団結と、世の中が変わるかもしれない興奮はやった人にしか手に入れられない魅惑の果実。この果実が美味いこと美味いこと。フルマラソンを走った後のポカリよりも遥かに美味い。このポカリも死ぬほど美味いが（笑）。簡単なことより、難しいことのほうが遥かに辛いけど、やはり遥かにずっと面白い。

人生がよくもなり、大変にもなった言葉

好きな言葉がある。かなり好きな言葉。

We choose to go to the moon.not because they are easy, but because they are hard.

〝我々はなぜ月に行くのか。それは簡単だからではない。困難だからこそやるのだ〟

ケネディがアポロ計画を発表した時の有名なスピーチ。この言葉と出会ったおかげで、僕の今までの多くの挑戦が後押しされ、多くの困難と出会うことになっ

た。己を成長させてくれ、自分の可能性を伸ばす意味では、凄くよいことに繋がった。

だが……その過程は本当に大変だった。とにかく辛い。ピンチがチャンスというのは、ピンチを乗り越えた数少ない人だけに当てはまる結果論。そうでない多くの人にとっては、ピンチは災いと害でしかない。それでもやはり、困難なことはやるだけの大きな価値がある。得られる宝物がある。そして、山登りやマラソン同様、高いハードルだからこそ実に面白い。

そしてそう思えるためにはひとつの条件がある。それは、乗り越えられるまでやりきること。他人の芝生を妬もうとも、己の選択を嘆いても、一度本気で決めたのなら、その選択を正解にするまで逃げずにやりきる。この一点に尽きる。

新たな事業の立ち上げは、とてつもない労力と狂いそうなほど神経をすり減らす。でも困難だからこそやるのだ、辛くてもやりきるのだ、と毎日言い聞かせる。そして、やる以上は笑顔で前向きに取り組む。霧が晴れて美しい景色が見えた瞬間に、すべての苦労が報われる。そして、また病みつきになってしまう。

ストックデールの逆説と２本の川の話

ストックデールの逆説は、名著『ビジョナリーカンパニー2』（日経ＢＰ社）に出てくるエピソード。ビジョナリーカンパニーシリーズは2が僕的には一番好きで、バイブルにもなっている。もうかれこれ15回くらい読んでいる。

さて、ストックデールの話に戻ろう。ストックデール将軍はベトナム戦争で捕虜となる。毎日死人が出る厳しい収容所で、すぐに出所できると楽観視していた人は皆死に、反対にもう出ることはできないと悲観し過ぎた人も皆死んだそうだ。生き残った人は、簡単に出られるわけない何十年も出られないかもしれないと悲観的な覚悟を持ち、けれども必ず生き残って出所できるという楽観的な確信をも併せ持った人だったという逆説的な話だ。

人生には困難が多い。不条理なことも多い。成功なんて簡単につかめるわけがない。人並み以上の何かを手に入れたかったら、覚悟も努力も必要。そういう厳しい現実を直視し悲観的に受け入れたうえで、それでも絶対に成功する、大きな幸せをつかめるという楽観的な確信と自信。どんなに不遇の時代が長くとも、歳を重ねるほど突きつけられる厳しい現実。それでも失わない「俺なら大丈夫」という、揺るがない自己肯定感。上手くいかないことが続く時に必ず頭に浮かべるのが、ストックデールの逆説だ。

続いて、2本の川を泳ぐ魚の話。なりたい自分へ流れる川と、なりたくない自分へと続く川。そんな2本の川があり、自分は魚であるという設定。もちろん誰だって、なりたい自分に続く川で泳ぎたい。嫌な自分へと続くほうの川で泳いでいたとしたら、隣の川へと移らなきゃいけない。でも、魚なので一旦陸に上がり、死にそうになりながらも、長く苦しい思いをしてぐるぐる這いつくばらないと隣の川へは辿り着かない。途中で息絶えて死ぬかもしれない。

それでもなりたい自分になるためには、その苦しいフェーズに飛び込む勇気を持ち、どんなに苦しくても乗り越えなきゃいけないわけだ。この2本の川の話もチャレンジをびびったり、また苦しいことから逃げたくなる時に思い出すエピソードだ。

困難はあきれるほど毎日のようにたくさん訪れるが、絶対に乗り越え素敵な人生を歩めると信じて、今日も陸をゴロゴロ這いつくばろう。

挑戦から得られるものと失うもの

飲食をやったことのない会社が、絶対に失敗すると言われたアジアンカフェを日本で流行らせようとする。アパレルをやったことのない会社が、前代未聞のコンセプトで生地から企画し製造する。もちろん、様々な方々のサポートのおかげで実現できているのだが、新たなチャレンジはいやまあ大変。やりはじめたことを後悔することも少なくない。いや、しょっちゅうか（笑）。

リスクを取る勇気と覚悟、ハイスピードで回すＰＤＣＡ、ひたすら猛勉強、一喜一憂、喜怒哀楽、七転び八起き、そういう日々のたゆまぬ努力。振り返れば、水道事業では全国西から東と駆けずり回り、新規営業を学び実践する毎日だった。春水堂を日本に誘致するまでの、気が遠くなるほどの長い長い交渉や海外企業との難解な契約、輸入業務、店舗開発、商品開発、組織構築。その後はアパレル分野への挑戦。もちろん僕ひとりで全部やったわけではないが、実に色々なことをやってきたものだ。いい思い出というか、それは大変なことがたくさんあった。その都度仲間たちに支えられ、なんとか乗り越えることができた。

この様々な経験、ノウハウが、いつしか新規事業を生み出す独特の強みとなっていった。今ある事業だけでなくやってみたいことは、まだまだたくさんある。教育業界も変えてみたい。コスメやフィットネスも気になる。一度の人生だし諦めたくはない。

じゃあ、反対に失ったもの。なかったと言いたいが、割とあった気もする。ずっと仕事でのチャレンジに追われてきたので趣味を持つ余裕もなく、地元とも疎遠になり不義理になってしまった縁も多い。不器用な性格なのか色々失うものもあった。どんなに忙しくとも余裕がなくても、要領よくできる人もいるのだろうが、僕の性格では全部を器用に上手くできなかった。

それでも僕にとっての仕事とは、単なるお金を稼ぐ手段ではないし、人生の暇潰しでも決してない。僕が起業家を選んだ理由は平凡な幸せを望む人生ではなく、社会に多くの価値をつくりだし、世の中をよりよく変えること。簡単にできるとは思っていない。今までの選択に後悔は一切ないし、これからもどんなに大変だろうとも、チャレンジすることをやめることはない。

マーケットインとプロダクトアウト

スマートカジュアルや働き方改革、コロナ禍によるリモートワークの拡大によって、ビジネスウェアも激変するターニングポイントに差し掛かっている。数年前までは、サラリーマンがリュックを背負って通勤する様子は珍しい光景だったが今では当たり前。アップルウォッチがロレックスの売り上げを抜き、世界一の時計ブランドとなった。僕らが手掛けるWWSもシンプルなデザイン、高機能、着心地を強みに、スーツというぃまだに旧態依然としたプロダクトを再定義し、コロナ禍にあってビジネスウェアに革命を起こしてきた。

僕が商品やビジネスモデルを企画する時に一番大切にしていることは、マーケットインとプロダクトアウトのバランスをおよそ4対6にすることだ。消費者のニーズを汲み取ることは当然ながら凄く大切だが、すでに顕在化しているニーズやマーケットでイノベーションを起こしたり、後発の会社が抜きに出るのは難しい。一方、斬新過ぎて消費者のニーズを先取りし過ぎた、商品やサービスが上手くいくこともこれもまた難しい。また、アイデアがいくらよくても、時間がかかり過ぎ、資金や根気が続かないことも多い。

10人中6人くらいからまだ早い、上手くいかない、儲からないと反対される。そんなバランスを意図的に目指している。一方、7人以上に反対されるようならやめる。皆がいいとか、反対に皆がダメだとかは、どちらもダメ。拮抗しつつも、批判が少し多いくらいが、ベンチャーのプロジェクトとして丁度いい。

半数以上の人に反対されるプロジェクトの推進は正直かなりしんどいが、マーケットがつくれた時の伸びは凄まじい。民泊の市場を創造したエアビーなんかもそうだろう。はじめは批判も多かったが、ある時期から爆発的に伸びた。ウーバーイーツも同様だ。

自分の個性やビジネスキャラも、万人ウケを狙う店が流行らないのと一緒で、多少は賛否が分かれるようなバランスにしている。まあ、ほとんど素のまんまなのだが。でも7割以上にNGをくらうようなら、それは個性を超えて、単なる嫌な奴なので、改善することにしている（笑）。

人材を育てるには、丸投げが一番

多くのプロジェクトを同時にスピーディーに進行させるには、仕事を誰かに任せなければいけない。一方で人を育てるもっとも効果的な方法は、これまた仕事を任せることにある。多くの事業を生み出してきた僕の得意技は、まさに丸投げだ。

けれど丸投げしたまま、ほったらかしにすると大抵は上手くいかない。全然違う方向に走っていたり、重圧に潰されてしまったり、丸投げされたことを実は恨んでいたり。任せることは凄く大切なのだけど、ほったらかしは絶対にいけない。かといって、進捗を細かく管理して、あーだこーだといちいち指示していたら、これは任せたことにならない。それなら自分でやったほうが早いし、人なんかいつまでも育ちはしない。

僕は、ボンボンと丸投げするために大事にしている3つの条件がある。1つ目は情報共有の徹底。前述したが、当社では日報を文字通り毎日書くことを義務付けている。日々の自身の振り返りと周囲への情報共有が目的だ。昭和の習慣のように思われがちだが、日報は一番の情報共有ツール。僕自身もメンバーの日報で動きの大枠をリアルタイムに把握できる。

2つ目が、ラフにオープンにお互いが相談や雑談のできる人間関係づくりや環境づくりの徹底。当社の社内ルールのひとつに「社長だろうが直接言え、聞け」という決まりがある。気になったことや、相談したいこと、言いたいことを誰にでもいつでも言えるオープンかつフラットな関係の組織を目指している。距離が近くて悪いことなんてひとつもない。

3つ目は、本人の意思の尊重である。もちろん組織なので、全員のすべての要望を反映することはできないが、やりたくない奴には基本任せない。無理にやらせてもいいことは全然ないし、陰でぐちぐち文句を言うのがオチ。だから、断ることももちろん自由。誰もがやりたがらないことは、仕方がないので皆でやることにしている（笑）。

この3つが整っていれば、あとはバンバン丸投げしたほうがいい。もちろん責任を取るのは、丸投げしたほうにあるっていうのも必須のルール。挑戦に失敗は当然つきもの。うちの場合は、新しいことをどんどんやっているので、毎日失敗だらけ。責任は本人に負わせず、任せたほうがカバーする。仕事の借りはいつか仕事で返してもらうのを気長に待てばいい。人が育てば、事業も育つ。

強くて面白い組織をつくる採用とは？

言わずもがな、組織を強化するためには、採用も強化しなければいけない。採用に力を入れることは、強い組織づくりの第一歩だ。どのような人材を採用すれば逆境でも活躍できる人材となるのか考えてみる。

当社は非常に変化に富んだ会社であるため、中途採用よりも新卒採用に重きをおいている。中途はどうしても過去の経験に縛られてしまいがち。僕自身の業務も採用に関しては大きなウエートを占めている。まだまだ小規模なベンチャーにもかかわらず、採用チームには3名の専属がいるし、自身も年間数十回におよぶ採用説明会に毎回登壇している。

うちの採用のポイントは、おそらくかなり変わっている。ひと言で言えば、「友達になりたい奴」を採る。年齢、性別、国籍や学歴をすべて飛び越えて、僕がコイツと友達になりたいと思えるかを一番の選ぶ軸としている。一緒に冒険に出かけるなら、気が合わない奴より、友達になりたいと思える面白い奴がいい。

個人的な友達の好みは、回り道をしてきた奴。そして、いつでも前向きな奴。僕自身の体験にも通じるのか、挫折してきた奴や、回り道してきた奴は人としての幅が広く、面白い奴が多い。また食べること、皆でワイワイ盛り上がるのが好きなのもいい。クールで何を考えているかわからない人、食べ物の好き嫌いが多い人はどうも苦手だったりする。まさに個人的な好みだ（笑）。

さらに通常の会社ではタブーであろう、「馴れ合い上等」だ。社内は、仕事の話以上に雑談が多い。友達ノリの雑談から生まれた優れたアイデアや企画がどれほど多かったか。また重要な連絡もSNSで堅苦しい枕ことばも不要で軽いノリで伝える。重要なことはサクッと早く簡潔に伝えるに限る。堅苦しい上下関係はスピード感を失うことに繋がる。

学生にもミスマッチを起こしてほしくないので、できる限りの情報開示をしている。採用ホームページはもちろん、僕のブログやインスタも公開し必ずチェックしてもらっている。僕のインスタはぶっとんだ内容なので好みは分かれる(笑)。そこはあえて、賛否がはっきり分かれるようにしている。社内もすべてガラス張りなので、どんな人がどのように働いているか、いつ誰が来ても丸見えだ。

朝から晩まで一緒にいて、荒波を乗り越える仲間なのだから、友達になりたいって思えるような奴じゃないとつまらない。面白い友達のような仲間とのチャレンジなら、夢中になれるしPDCAのスピードも増すというもの。友達になりたいと思えないなら、本当に割り切った業務上だけのギスギスとした関係になりがちだ。それじゃ会社がつまらない。

社員採用の軸は割と一貫しているので、社内には個性的なメンバーが多いが、不思議と統一感がある。メンバー同士も本当に仲がいい。会社に商談に来る方は皆、本当に社内が明るくて皆仲がいいのですね！と一様に驚かれる。

女性が活躍しやすい職場について

当社はグループ全体で女性の管理職が多い。パワフルなのも大抵女性だ（笑）。世間ではかなり珍しいらしく、女性の活用術や、女性が活躍する秘訣などという取材を受けることも多い。しかし、特別なことをまったくやっていないのでいつも答えに困ってしまう。

採用も単に一緒に働きたいな、面白そうだなっていう友達基準でやっているので男女を意識したこともないし、なんなら国籍や年齢も気にしたことはない。反対に気にする理由ってなんなのだろう。結婚すると辞めてしまう確率が高いから？　出産前後の産休や育休で離脱してしまうから？　復帰しても子育て中はフルタイムで働くことができないから？　一般的な、女性を管理職に登用できない理由ってこんな感じなのかな。

辞めるか辞めないかのリスクでいえば、男性も辞める奴はさっさと辞める。実感値をいえば、男性のほうが堪《こら》え性《しょう》のない奴が多い気がしている。産休育休の送り出しも、僕は別プロジェクトにアサインするような感覚でいる。1年半くらい担当からはずれ、別の案件にかかりきりになることって仕事上ではざら。うちの場合はほんと、しょっちゅうプロジェクト単位でチーム編成がコロコロ変わるので違和感はほとんどない。

スポーツで言えば、ひとりの選手が怪我で1年以上チームを離れてしまうことなんてよくあること。仮にその選手がどんなに中心選手だったとしても、その程度で崩壊してしまうチームなら問題は他の部分にあるはずだ。産休育休のタイムラグに関しても、子育ての時短業務にしても、組織としていかようにでもカバーできる。それだけの理由をもってして優秀な女性を活用しないのはもったいなさ過ぎる。男性の管理職だらけの会社って違和感を超えて気味が悪い。

僕の感覚でいえば、地球上の半分の存在である女性を活用できない組織や会社に未来はないと思う。消費者の半数は同じく女性なわけだし。そういう意味合いでは、日本の政治ってまったくもって機能不全だ。感覚がすでに麻痺してしまっているが、この現状は非常に危険だ。コロナよりも遥かに危険だと思う。

世界一を目指す難しさと楽しさ

ＷＷＳというブランドは、もともとは水道部門の作業着を開発するプロジェクトからはじまり、２０１７年2月に事業化。「スーツに見える作業着」というキャッチコピーのもと、今までのスーツとも違う、作業着とも違う、今のニューノーマルな時代にジャストフィットした新たな「ボーダレスウェア」という市場をゼロからつくり出した。

毎日洗え、着心地がよく、コロナ禍における感染対策ウェアとして、リモートワーク着としての様々な仕掛けが上手くいき、潜在的ニーズを引き出すことに成功した。服が売れない時代、スーツはその代名詞だった。それが今もっともアパレルが苦境であるコロナ禍の真っ只なかでの異例な飛躍は、大きな注目を浴びることとなった。

アパレルを事業化する際に決めた事業ビジョンが、「アパレル界のアップルになる」というスローガン。やるからには当初から業界の地図を一変させる。そして、世界一のブランドになる、と宣言してスタートした。

創業事業である水道事業や台湾の春水堂の日本展開でも、業界の新たな常識を生み出し全国展開を実現した。3本目の柱となるアパレル事業では、世界一を目指すと決めていた。むしろ、世界一を目指せない、目指す情熱のわかない事業であれば、わざわざゼロから改めてやる必要がなかった。

仕事って単なるお金儲けだけではつまらない。ワクワクが続かない。社会を変える、世界を変えることを目指すからいつまでも面白い。もの凄く難しいけど、難しいからこそ、やる意味がある。世界一なんて皆で目指してしまったら、大変だけどいつまでもそりゃ飽きない。言葉は言霊だ。ずっと言い続けていたら、面白い奴らが集まってくる。

僕らがアパレル界のアップルのような存在となり、アイフォンのように、アップルウォッチのように、WWSを新たな時代の新たな常識にする。オフィスにも、現場にも、デートにも、自宅でのリラックスにも、すべてに活躍する「ボーダレスウェア」。服を選ぶ時間もコストも削減されて、流行からも解放される究極のサスティナブルな服を日本だけでなく、世界標準にしていく。

大変なことなんて承知のうえ、人から笑われることも承知のうえ。簡単にできることではないけれど、できないなんて決めつける必要は1ミリだってない。世界一を目指すだけの意義と楽しさがある。達成できる明確なイメージと覚悟だって十分にある。世界を変えるのはいつだって笑われ者だ。

無限の大きな大きな未来の広げ方

仕事や人の繋がりって、計画通りに繋がっていくこともあれば、のちのち振り返ってみてはじめて繋がっていると気づくことがある。今までの経験上、後者のほうが大きな広がりに発展するケースが多い気がする。計画通りの人生なんて、つまらないし、奇跡だってそう簡単には起きない。僕が安定した職業に憧れなかった理由もそうだ。

僕は何かを新しくはじめる際に、今ある強みを活かすことだったり、関連性をベースに企画することはない。また、短期的に儲かるかどうかもまったく考慮にはいれない。ビジネスとして正攻法でないことはわかってはいる。通常は、現業の強みを活かして、早期に利益化を目指すことが事業戦略の基本中の基本。

僕らの取り組みの原点は、今やっていることと無関係でも、まったくの素人だったとしても、簡単に儲からないことでも、この価値を社会に広めたい、新たな価値をつくり出したい、という湧き上がる気持ちがすべての起点となっている。一言で言えば、やりたいことをやるっていうこと。

今までの強みも活かせず、目先の利益が出にくい事業はそりゃ大変だ。辛いことのほうが圧倒的に多い。継続させることも困難。批判も多く、後悔もそりゃ多かった。銀行に見捨てられたことも何度もあった。とにかく走りながら勉強し、試行錯誤をひたすら繰り返す。嵐のなかを必死に犬かきをしている感じ。そんな日々を何年も何年も送り、ふと気がつくと、高速でPDCAを回し続けることが当たり前となっていて、僕ら特有の文化と強みになっていた。

通常は基幹事業を超える新たな事業を生み出せるケースは少ない。本業以外のまったく異なるジャンルで上手くいくケースにいたってはさらに稀《まれ》だ。その多くはほとんど失敗する。僕らは、日々回す高速で大量のＰＤＣＡと友達のような仲間たちとの喜怒哀楽の末、新たなことをいくつも生み出してきた。広報力、採用力、マーケティングもグループで様々な事業をしているからこその多様性が個性となり魅力となっている。関係ないはずの点がのちのち振り返ると線へと繋がり、離れている点と点だからこそ、その線は驚くほどに長く延び続け、長い線が繋がってできる面は驚くほど大きな広さとなった。

そうやって僕らの未来の可能性ってどんどん大きくなってきた。もちろんすべては狙ってできたわけではなく、偶然というか、奇跡ともいえるような出来事も多かった。その過程はとっても大変だったけど、凄く僕ららしい冒険の日々の連続だった。

今できることの延長ばかりでは、将来の可能性ってなんとなく想像がつく。僕らはこれからも、どんどん未知なことに飛び込むだろうし、楽になることもないのだろうと思う。でも楽なことは、決して楽しいこととイコールではないし、それどころか楽だらけの人生なんて退屈過ぎる。

改めて振り返ると、栃木の倒産寸前の水道屋からはじまった会社が、空前のタピオカブームを仕掛けることになるなんて、ましてやアパレル業界に新風を巻き起こして急成長しているなんて誰も想像すらしなかった。僕自身もそんな未来はまったく想定していなかった。そして、これからもきっともっと想像もつかない面白いことをしているんだろう。

不安もゼロではないけど、その何百万倍もの希望が待っている。この仲間たちとならきっと楽しめる。大きな可能性に溢れる、ワクワクする未来に向かって、皆で泣き笑いしながら駆け抜けていきたいと思う。乗り越えた困難や流した汗や涙は、きっと明るい未来への糧となるはずだ。この先、どんな物語が待っているんだろう。僕たちの冒険はまだはじまったばかりだ。

おわりに

水道、飲食、アパレルと念願だった衣食住に関わる事業の3本柱ができた。

2006年、栃木から出てきた寂しがりやの男がマンションの狭いひと部屋で、たったひとりで起業した。それから15年、やりたいことを形にするために夢中で仲間たちと走ってきた。そして今ではグループ全体の正社員数は300名近く、アルバイトを含めると約700名の会社になっていた。まったく異なる分野で事業を数々立ち上げ、それぞれが全国展開を実現し大きなムーブメントをつくってきた。気がつくと、巷で「令和のヒットメーカー」とも呼ばれるようになっていた。

学生時代、毎日朝から晩まで遊び、楽し過ぎてずっと社会人にはなりたくなかった。日曜夜7時前、テレビで「サザエさん」の放送が終わると、大きな溜息をついて憂鬱になるサザエさんシンドロームと呼ばれる大人たち。ああ日曜が終わってしまう。嫌だなあ。働くって生活のために我慢して、人生を切り売りする苦行に見えた。

一方で子どもの頃から今でもずっと憧れている人がいる。職業は大泥棒。名は「ルパン三世」。気の合う仲間たちとお宝を求めて冒険のような毎日。盗みに入る時、わざわざ予告状を出す。彼は、泥棒を仕事と考えていない。ただやりたいことを仲間と楽しんでいるだけだ。そこに、働くと遊ぶとの境目はない。そんな毎日だったら人生は最高だ。

コロナが世界を襲った。いまだに世界中の人たちが不安に怯《おび》え、辛い暮らしが続いている。僕らのグループも飲食部門は大打撃を負った。今までも様々な絶体絶命のピンチがあったが、こんなにも先が見えない戦いははじめてかもしれない。かつて日本は、関東大震災、2つの世界大戦、バブル崩壊、阪神淡路大震災、リーマンショック、東日本大震災と多くの困難と対峙し乗り越えてきた。僕らも今まで多くのピンチを乗り越え、様々な変化を起こし、挑戦を続けてきた経験を活かし、必ず仲間たちとこの戦いに打ち勝っていく。そして、このコロナという大きな壁を乗り越えた先には、さらなる成長、さらなる明るい未来が待っていると信じている。

令和という時代はまさにコロナとともにはじまった新時代だ。きっとこれには何かの意味がある気がしている。コロナがキッカケとなり多くのパラダイムシフトが起きて、劇的に様々な価値観が変わっていくことになる。そんな時代の変革期に僕らは、この変化を前向きに受け止め、夢と希望に溢れた社会にしていかなければいけない。変化は大きな危機でもあり、時に大きなチャンスにもなる。

子どもの頃どうしてあんなにも政治家になりたかったのかと、ふと思い返すことがある。世の中をよりよく変えたいという想いが、幼い子どもながらもなぜか強くあった。そして、その近道が政治家だったのだ。今でも面白おかしく生きていきたいという想いの根底には世界を変えたいという強い渇望がある。もちろん、僕らが手掛ける商品やサービスがもたらす直接的な社会の変化もあるだろうが、会社という存在や働くという概念そのものを変えたいと思っている。人生の多くの時間を捧げる会社や仕事というものが、もっともっと楽しく実りあるものになったら、きっと世界は劇的に変わるに違いない。

僕らが掲げるグループ全体のビジョンは、「世界一やりたいことができる会社」。壮大すぎるビジョンかもしれない。けれど真剣に、そして本気で目指している。ひとりひとりがやりたいと思っていることをワクワクと追求して、それがビジネスとなり社会貢献ができればこれ以上、有意義で楽しいことはない。理想はヨダレを垂らしながら、テニスボールを追いかける犬の姿。やらされる仕事ではなくて、自らがワクワクと夢中で取り組めば、それが、一番の原動力になる。そうすれば、いずれは働くと遊ぶとの境目だってなくなるようになる。

挑戦を続ける日々は決して楽ではないけれど、実に楽しい。まさにアドベンチャーな毎日だ。そして冒険には、嵐や吹雪や強敵といったピンチがつきものだ。そういった、トラブルや行く手を遮る高い壁がなければ、冒険は盛り上がらないし、物語は面白くならない。主人公もレベルアップしない。愉快な仲間たちと歩むそんな喜怒哀楽に溢れた人生は、我ながら幸せだと思う。僕らがもっともっと影響力を持ち、社会の起点となって、楽しく夢中になって働く人を日本中、世界中にひとりでも多く増やしていきたい。そして、子どもの頃からずっと想い描いていた、世の中をよりよく変えるという夢を必ず実現していく。

結末はすでに決まっている。いつだってハッピーエンドだ。

株式会社オアシスライフスタイルグループ
代表取締役ＣＥＯ　関谷有三

[著者プロフィール]

関谷有三　Yuzo Sekiya

オアシスライフスタイルグループ代表取締役CEO。1977年栃木県生まれ。成城大学経済学部卒業後、倒産寸前だった実家の水道工事会社を立て直したあと、大手マンション管理会社と提携し業界シェアNO.1企業へと飛躍。さらなる事業拡大のためのアジア視察中、台湾で人気の老舗カフェブランド「春水堂」に惚れこみ、当時、海外進出を拒んでいた「春水堂」を３年かけて説得、日本への上陸を実現。タピオカブーム、台湾ブームの仕掛け人となる。その後、スーツに見える作業着「WORK WEAR SUIT ワークウェアスーツ」を素材の開発から行い商品化。アパレル業界で異例の大ヒットとなり、コロナ禍にもかかわらず売上前年比400％を記録。水道、飲食、アパレルとまったくの他業種でヒットを収め、各メディアでは「令和のヒットメーカー」と呼ばれている。

オアシスライフスタイルグループHP
https://oasys-inc.jp/

ブログ
https://ameblo.jp/oasys-inc

フェイスブック
https://www.facebook.com/sekiya.yuzo

インスタグラム
https://www.instagram.com/yuzo_sekiya

ツイッター
https://twitter.com/sekiyayuzo

編集協力／中島隆
ブックデザイン／小口翔平＋加瀬梓＋大城ひかり（tobufune）
DTP ／山口良二

なぜ、倒産寸前の水道屋がタピオカブームを仕掛け、アパレルでも売れたのか？

2021年3月24日　初版発行

著　者　関谷有三
発行者　太田　宏
発行所　フォレスト出版株式会社
〒162-0824　東京都新宿区揚場町2-18　白宝ビル5F
電話　03-5229-5750（営業）
03-5229-5757（編集）
URL　http://www.forestpub.co.jp
印刷・製本　萩原印刷株式会社

ISBN978-4-86680-122-3　Printed in Japan